Apprendre le coréen avec des nouvelles coréennes classiques
(fichiers audio téléchargeables et textes parallèles bilingues français-coréen)

Hye-min Choi

979-11-93438-08-4

Copyright © 2024 by NEW AMPERSAND PUBLISHING
All rights reserved.

Aucune partie de cette publication ne doit être copiée, diffusée ou envoyée par copie ou enregistrement ou sous quelque forme ou manière que ce soit, y compris par des moyens électroniques ou physiques, sans l'autorisation écrite préalable de l'éditeur, sauf à des fins de critique et autres fins non commerciales dans les limites autorisées par le Code de la propriété intellectuelle. Pour les demandes d'autorisation et de droits d'auteur, contactez l'auteur à l'adresse suivante :

marketing@newampersand.com

www.newampersand.com

Télécharger des fichiers audio à partir de

newampersand.com/nouvelle

Table des matières

1	Pourquoi étudier les contes populaires coréens ?
2	L'idéologie traditionnelle coréenne (yugyo et chamanisme) présente dans les contes populaires
3	À quoi ressemblaient les familles coréennes traditionnelles
4	Le chamanisme
5	Discours formel et discours décontracté
5	Préférer les titres aux noms
6	Comment utiliser ce livre
7	나무꾼과 호랑이 형님 Le bûcheron et le frère tigre
11	무엇이든 거꾸로 했던 청개구리 La grenouille verte qui faisait tout à l'envers
15	꾀 많은 토끼와 호랑이 Le lapin rusé et le tigre
19	낚시하는 호랑이 Le tigre pêcheur
23	하늘이 더 잘 안다 Le ciel sait mieux que tout le monde
27	코 없는 신랑과 입 큰 각시 Le mari sans nez et la femme à grande bouche
31	은혜를 갚은 까치 La pie qui retourna la faveur
35	흥부전 L'histoire de Heungbu
39	호랑이와 곶감 Le tigre et le kaki séché
43	금도끼, 은도끼 La hache d'or et la hache d'argent
47	토끼의 간과 자라 Le foie du lapin et le trionyx
51	거울을 처음 본 사람들 Les gens qui virent un miroir pour la première fois
55	젊어지는 샘물 L'eau de source qui rajeunit
59	금구슬을 버린 형제 Les frères qui renoncèrent aux perles d'or
63	용왕님의 딸, 잉어 색시 La femme carpe - La fille du roi dragon
67	요술부채 L'éventail magique
71	깨진 유리그릇 Le bol de verre brisé
75	참외와 황소 La poire et le bœuf
79	사이좋은 형제와 신비한 볏단 Les bons frères et les mystérieuses gerbes de riz
83	나무 그늘을 산 소년 Le garçon qui acheta l'ombre d'un arbre
87	도깨비 요술 방망이와 개암 La gourdin magique des gobelins et la noisette
93	자신을 도둑맞은 도령 Le jeune homme à qui on vola l'aspect.
97	산신령에게 밀가루 소 백마리를 바친 농부 Le fermier qui offrit cent vaches à farine à l'esprit de la montagne

101 새 망태기 헌 망태기 Le nouveau filet et l'ancien filet
105 삼 년 고개 La colline des trois ans
109 옹고집전 L'histoire de M. Têtu
113 큰 바위 재판 Le procès du Gros Rocher
117 부엉이를 잡은 젊은이 Le jeune homme qui attrapa un hibou
121 호랑이가 준 보자기 Le tissu d'emballage offert par le tigre
127 효녀 심청 Simcheong, la fille aimante

Télécharger des fichiers audio à partir de
newampersand.com/nouvelle

Pourquoi étudier les contes populaires coréens ?

Que vous soyez fan de K-pop, amateur de séries coréennes ou expert en herbe en études coréennes, apprendre le coréen avec des histoires est un excellent moyen non seulement d'acquérir les compétences nécessaires à la communication, mais aussi de développer une compréhension profonde de la culture et de l'idéologie autour de l'usage de la langue. Sans connaître le contexte culturel et historique d'un mot, d'une expression ou d'une histoire, vous ne serez pas en mesure d'apprécier les subtiles différences de nuances parce que vous ne comprendrez pas exactement le contexte dans lequel ils sont utilisés. Avec les contes populaires, qui combinent l'aspect linguistique de la langue et l'aspect culturel et historique, vous pouvez apprendre à comprendre la grammaire, les expressions utilisées par les Coréens et élargir votre vocabulaire en coréen. Ils vous permettent également de jeter un coup d'œil sur l'idéologie traditionnelle du peuple coréen et de comprendre pourquoi les Coréens font ce qu'ils font. Partons donc en voyage dans l'ancienne Corée et, à notre retour, vous aurez acquis une connaissance approfondie de la culture coréenne. Mais tout d'abord, voici quelques informations utiles qui vous aideront à prendre vos marques.

Hojakdo 호작도 (Peinture du tigre, de la pie et du pin)

Bansangdo, 반상도 Yangban (les nobles) et les roturiers par Kim Deuk-sin (1754-1822)

L'idéologie traditionnelle coréenne (yugyo et chamanisme) présente dans les contes populaires

La Corée a adopté le confucianisme, ou yugyo 유교 en coréen, développé par le philosophe chinois Confucius, comme philosophie de base dès la période des Trois Royaumes (57 av. J.-C. - 668 ap. J.-C.), atteignant son apogée sous la dynastie Joseon (1392-1897). Au fil du temps, cela s'est progressivement transformé en quelque chose de plus qu'une idéologie. C'est devenu une civilisation qui régit le système national, la politique, ainsi que la loi et l'ordre. Ses éléments fondamentaux sont la piété filiale, la loyauté, la hiérarchie et l'obéissance, et ce sont les thèmes qui apparaissent souvent dans les contes populaires que vous allez découvrir dans les prochains chapitres (en fait, vous pouvez retrouver ces caractéristiques dans les séries ou les films coréens d'aujourd'hui), alors soyez à l'affût !

Cependant, les efforts de modernisation déployés au XIXe siècle ont entraîné un effondrement considérable de l'ordre yugyo existant, car les réformateurs coréens reprochaient aux coutumes yugyo mal interprétées et souvent malmenées d'être à l'origine du retard pris par rapport aux autres pays avancés. Parmi les exemples, citons une hiérarchie trop stricte, le mépris du commerce et la préférence accordée aux érudits, la société patriarcale et le népotisme.

C'est la raison pour laquelle, dans la Corée d'aujourd'hui, les puristes du yugyo sont considérés comme dépassés, et les Coréens ont réussi à maintenir une société fondée sur les valeurs fondamentales du yugyo en acceptant et en apportant les changements nécessaires.

À quoi ressemblaient les familles coréennes traditionnelles

Traditionnellement, la famille coréenne est une famille souche patrilocale (c'est-à-dire qu'un homme reste vivre dans la maison de son père après avoir atteint la maturité et amène sa femme vivre avec sa famille, tandis que les filles doivent quitter la maison natale lorsqu'elles se marient), et il était typique de voir des familles nombreuses composées de plusieurs générations, y compris les grands-parents, leur fils aîné et sa femme, et leurs enfants (en tant que société agricole, plusieurs enfants étaient la norme pour fournir de la main-d'œuvre). En ce qui concerne la hiérarchie au sein de la famille, au sommet se trouvent les hommes par ordre décroissant d'âge, en grande partie en raison des deux principes majeurs du yugyo : l'homme doit dominer la femme et l'aîné doit dominer le plus jeune. En outre, comme seul un fils pouvait perpétuer la lignée familiale, cela a conduit à la préférence pour les fils.

Parmi les enfants de sexe masculin, l'aîné, jangnam 장남, était considéré comme le principal pilier de la famille et bénéficiait d'un traitement préférentiel, notamment en héritant de la plupart, voire de la totalité, des biens familiaux. En même temps, cependant, il devait vivre avec ses parents et s'occuper d'eux après son mariage et était responsable de l'organisation d'une cérémonie de jesa 제사 (rites ancestraux) après le décès de ses parents.

Les femmes, malgré leur statut inférieur et leurs rôles limités, étaient l'objet de révérence et de respect. En tant qu'épouses, elles étaient chargées des finances familiales et des affaires domestiques, et en tant que mères, de l'éducation de leurs enfants. Les enfants de sexe féminin ne recevaient pas d'éducation yugyo systématique, mais les mères leur apprenaient à intérioriser les vertus yugyo accordées aux femmes, ainsi que le rôle d'une femme en apprenant les tâches ménagères dès leur plus jeune âge. Dès l'enfance, les garçons et les filles suivaient des processus éducatifs et des rôles différents.

Le chamanisme

Traditionnellement, les Coréens croyaient au chamanisme ainsi qu'au bouddhisme. Ils pensaient que des êtres divins gouvernaient la nature, comme les montagnes et les mers, et que des esprits étaient présents dans les vieux objets. En outre, les Coréens pensaient qu'il appartenait aux êtres absolus du ciel de décider de la vie, de la mort, de la récompense et de la punition des humains. Grâce à ces croyances, les Coréens pensaient que tout dans la vie arrivait selon la providence de la nature, et qu'ils devaient s'adapter à l'environnement donné, faire de leur mieux et vivre une bonne vie, sinon le ciel les punirait.

Illustration de mudangnaeryeok 무당내력, une compilation des méthodes d'exorcisme traditionnelles des chamans coréens de la fin de la dynastie Joseon (années 1800). Il est actuellement conservé à Gyujanggak, à l'université nationale de Séoul.

Discours formel et discours décontracté

Un autre élément qui change en fonction de la hiérarchie sociale basée sur l'âge et le statut social (c'est-à-dire le rang), est la façon dont les gens s'adressent les uns aux autres. En d'autres termes, pour une personne plus âgée ou d'un rang plus élevé que le vôtre, vous devez utiliser un langage formel, tandis que l'inverse, le langage causal, est utilisé pour s'adresser à une personne plus jeune ou d'un rang moins élevé que le vôtre. Le plus simple pour un débutant est de regarder la fin d'une phrase. Si elles se terminent par ~yo 요 ~nida ~니다 ~kka ? ~까 ?, il s'agit probablement de jondaetmal 존댓말, un discours formel. À l'inverse, banmal 반말 ("discours informel/décontracté") peut servir à parler à quelqu'un de plus jeune, du même âge que vous, d'un rang inférieur ou à toute personne avec laquelle vous avez développé un sentiment de proximité et d'intimité. Il est facile de les identifier, car elles se terminent généralement par ~da 다 ~ida 이다 ~na ? 나 ?. Les histoires dans ce livre sont racontées principalement de manière formelle pour la narration et les dialogues présentent une combinaison de langage formel et décontracté. Nous nous sommes efforcés de vous présenter autant de variations que possible tout au long du livre, afin que vous puissiez voir comment elles sont appliquées dans des situations de la vie réelle.

Préférer les titres aux noms

Avec jondaetmal et banmal, l'utilisation d'appellations au lieu de noms dans l'espace public (par exemple, sur le lieu de travail) ou lors d'occasions formelles (par exemple, une conférence) est un autre moyen utilisé par les Coréens pour maintenir les hiérarchies sociales dans la langue parlée. En Corée, il est inapproprié, voire impoli, d'appeler quelqu'un par son nom. Mais bien sûr, cela ne pose aucun problème entre amis ou lorsque des parents s'adressent à leur enfants (mais pas dans l'autre sens).

Par exemple, le suffixe daek 댁 est utilisé pour désigner une femme mariée originaire d'une région donnée (Busan daek 부산댁 signifiant une femme mariée originaire de Busan). De même, bien qu'ils n'aient aucun lien de parenté, les gens s'appellent les uns les autres en utilisant des termes familiaux tels que hyung 형 (frère aîné), nuna 누나 (sœur aînée), samchon 삼촌 (oncle), imo 이모 (tante). Les non-Coréens se demandent alors si tous les Coréens ont un lien de parenté entre eux ! C'est simplement une façon pour les Coréens de montrer leur affection et de sympathiser.

Comment utiliser ce livre

Télécharger et écouter les fichiers audio
Chaque histoire est accompagnée d'un fichier MP3 téléchargeable enregistré par un comédien coréen professionnel pour vous aider à apprendre la prononciation correcte.

- Vitesse normale - Apprenez comment les Coréens parlent dans des situations normales.
- Vitesse lente - Apprenez comment chaque mot et chaque expression sont prononcés.

Texte parallèle côte à côte
Un texte parallèle, c'est-à-dire un texte placé à côté de sa traduction, est l'une des méthodes les plus efficaces pour apprendre une nouvelle langue, notamment grâce à divers avantages. C'est pourquoi de nombreux classiques du monde entier ont été traduits de cette manière. Parmi les nombreux avantages, cela attire l'attention des apprenants sur :

- Les différences linguistiques et culturelles
- Le sens, la structure et les aspects liés au vocabulaire.
- La recherche de similitudes et de différences dans les procédés littéraires tels que les expressions idiomatiques et les métaphores.

Il s'agit d'un choix optimal pour les étudiants autonomes, car ils peuvent trouver les significations dans le texte et les lire dans leur contexte, sans avoir besoin de dépendre d'un professeur. Ce livre, optimisé pour les débutants, vous aidera à obtenir une compréhension approfondie de la langue coréenne.

Note culturelle
Apprenez l'origine des histoires en comprenant les aspects culturels et historiques, afin de pouvoir les apprécier pleinement, y compris leurs significations cachées et leurs nuances.

Compréhension de la lecture
Testez et développez vos compétences en compréhension de la langue coréenne grâce à des quiz sur les histoires.

Vocabulaire et Proverbees
Apprenez les mots coréens essentiels utilisés dans les histoires et les Proverbees qui s'y rapportent.

PISTE AUDIO #1

나무꾼과 호랑이 형님
Le bûcheron et le frère tigre

옛날 한 나무꾼이 산을 지나다가 호랑이를 만났습니다. 겁이 난 나무꾼은 위기를 피하기 위해 호랑이에게 말했습니다.

"아이고 형님! 우리 어머니께서 말씀하시길 저에게 형이 하나 있는데 죽어서 호랑이가 되었다고 하더니 바로 그 형님이시군요! 우리 어머님이 형님을 그리워하니 당장 뵈러 갑시다!" 라고 말했습니다.

호랑이가 그 말을 믿고서,

"지금 당장 우리 어머니를 뵙고 싶지만, 호랑이의 모습으로 그럴 수 없다"라고 거절했습니다.

자신이 사람이라고 믿었던 호랑이가 그때부터 꼬박꼬박 집 앞마당에 돼지를 가져다 놓았어요.

Il était une fois un bûcheron qui rencontra un tigre en passant dans la montagne. Pour éviter la crise, le bûcheron effrayé dit au tigre :

"Oh, mon frère ! Notre mère m'a dit que j'avais un grand frère qui est mort et qui est devenu tigre, et c'est toi ! Tu manques à notre mère, alors allons la voir tout de suite !"

Le tigre le crut et rejeta l'offre en disant :

"Je veux voir notre mère tout de suite, mais je ne peux pas le faire sous la forme d'un tigre."

Le tigre, qui se prenait pour un humain, commença à amener des cochons dans la cour de la maison.

그 덕분에 나무꾼과 어머니는
부자로 살게 되었습니다.

몇 년 뒤 어머니께서 돌아가시자 호랑이가
돼지를 가져다 놓는 일도 멈췄습니다.

궁금해진 나무꾼이
호랑이가 살던 굴에 가 보니
새끼 호랑이들이 있었습니다.
새끼들에게 이유를 물으니,

"우리 할머니는 인간인데 할머니께서
돌아가셨어요. 그리고 아버지도 슬퍼서 밥을
먹지 않아서 돌아가셨어요"라고 말했습니다.

나무꾼은 호랑이의 효성에 감동해서
어머니 묘 옆에
호랑이의 묘를 만들어 주었습니다.

Grâce à cela, le bûcheron et sa mère devinrent riches.

Quelques années plus tard, lorsque la mère mourut, le tigre cessa d'apporter des cochons.

Le bûcheron curieux se rendit dans la grotte où vivait le tigre et y trouva des bébés tigres. Lorsqu'on leur demanda pourquoi le tigre n'apportait plus de cochons, les bébés tigres répondirent :

"Notre grand-mère était humaine, mais elle est morte. Et notre père est mort lui aussi, car il ne mangeait plus parce qu'il était triste".

Le bûcheron fut ému par la piété filiale du tigre et lui fit une tombe à côté de celle de sa mère.

Note culturelle

Autrefois, de nombreux tigres vivaient en Corée en raison des caractéristiques géographiques du pays, où les montagnes représentent 70 % du territoire. Ainsi, en marchant le long des sentiers de montagne, les gens rencontraient souvent des tigres, et les tigres en quête de nourriture descendaient souvent là où vivaient les gens et les agressaient. Cependant, les Coréens percevaient fortement les tigres comme des créatures mystiques, et non comme des animaux ordinaires. Les tigres inspiraient la peur, mais paradoxalement, ils inspiraient aussi le respect. Dans cette histoire, le bûcheron échappe à une situation dangereuse grâce à sa sagesse. L'image d'un tigre qui croit fermement qu'il est une personne et qui est filial envers sa mère humaine contient le concept de piété filiale que les Coréens considèrent comme le plus important.

Vocabulaire

옛날 l'ancien temps. 한 un/une, certains. 나무꾼 un bûcheron. 나무 signifie "bois/arbre" et 꾼 se réfère à quelqu'un qui fait quelque chose en tant que travail. Par exemple, 사기꾼 = "escroc" parce que 사기 signifie "escroquerie". 지나다 passer à côté. 지나가다 en passant. 호랑이 un tigre. 겁이 나다 d'avoir peur. 겁이 난 effrayé (adj.) 위기 une crise. 피하기 위해 pour éviter. 아이고 oh, my ! 형님 forme honorifique de "grand frère". 우리 nous/nous/notre. 어머니 une mère. 말씀 forme honorifique de "dire". 말 "dire", mais homonyme de "cheval". 당장 tout de suite. 그리워하니 parce que [le sujet] manque [l'objet]. 그리워하다 pour manquer [l'objet]. 지금 maintenant. 모습 une forme. 거절하다 rejeter. 자신 soi. 사람 / 인간 un humain. 집 une maison/un foyer. 앞마당 une cour avant (앞 signifie "avant" et 마당 signifie "cour"). 돼지 un cochon. 덕분에 grâce à. 부자 le riche. une personne riche. 멈추다 d'arrêter. 새끼 un bébé, une progéniture. 이유 une raison. 할머니 une grand-mère. 밥 le riz/la farine. 효성 l'amour filial. 감동하다 être ému. 묘 une tombe. 만들어주다 faire [objet] pour [sujet].

Proverbe

호랑이에게 물려가도 정신만 차리면 산다.
Même si l'on est mordu et traîné par un tigre,
il est possible de survivre en restant bien éveillé

Peu importe à quel point la situation semble désespérée, on peut la surmonter si l'on n'abandonne pas et si on fait preuve de sagesse.

Compréhension de la lecture Quiz

Comment le bûcheron s'est-il senti lorsqu'il a rencontré le tigre pour la première fois ?

A. Heureux B. Triste C. Effrayé D. En colère

D'après le bûcheron, son frère aîné est devenu un tigre après...

A. Sa naissance B. Sa mort C. Son 18e anniversaire D. Son mariage

Le tigre a commencé à amener des cochons chez le bûcheron pour...

A. Montrer sa piété filiale en tant que fils. B. Empêcher les humains de pénétrer dans son habitat.

C. Se moquer d'eux. C. Leur apprendre à chasser le cochon.

Le tigre a cessé d'apporter des cochons à la maison du bûcheron _____ la mort de la grand-mère humaine.

A. Quelques mois après. B. Quelques jours avant. C. Pendant D. Quelques années après.

D'après l'histoire, les bébés tigres ne semblaient pas croire que leur grand-mère était humaine.

A. Vrai B. Faux

Au décès de sa mère humaine, le tigre a cessé de manger pour exprimer...

A. Sa satisfaction B. Son chagrin C. Son ambition D. Sa joie

D'après l'histoire, nous pouvons supposer que le bûcheron s'est senti _____ à l'égard du tigre.

A. Reconnaissant B. Jaloux C. En colère D. Perplexe

Réponse : C / B / A / D / B / B / A / B

무엇이든 거꾸로 했던 청개구리
La grenouille verte qui faisait tout à l'envers

옛날 옛적, 어느 작은 연못에 엄마 청개구리와 아들 청개구리가 살고 있었습니다.

Il était une fois une mère grenouille verte et un fils grenouille verte qui vivaient dans un petit étang.

아들 청개구리는 엄마 청개구리의 말을 듣지 않고 무엇이든 반대로 했습니다.

Le fils grenouille verte n'écoutait pas sa mère et faisait tout le contraire de ce qu'elle disait.

엄마 청개구리가,

If the mother green frog said,

"숲속에는 뱀이 많아 위험하니 가지 말아라"고 하면,

Si la mère grenouille verte disait de "Ne pas aller dans la forêt parce qu'il y a beaucoup de serpents",

아들 청개구리는 일부러 숲에 놀러 갔습니다.

le fils grenouille verte allait exprès dans la forêt.

아들 청개구리 때문에 엄마 청개구리는 매일 걱정을 했습니다.

La mère grenouille verte était inquiète tous les jours à cause de son fils.

엄마 청개구리는 결국 병이 나서 쓰러졌습니다.

La mère grenouille verte finit par tomber malade et s'effondra.

죽음이 다가온 것을 알게 된 엄마 청개구리는 아들 청개구리에게 말했습니다.

Sachant que la mort approchait, la mère grenouille verte dit à son fils :

"아들아, 나는 이제 얼마 살지 못할 것 같구나.
내가 죽으면 꼭 냇가에 묻어다오."

사실, 엄마 청개구리는
산에 묻히기를 원했습니다.

하지만 이렇게 말을 해야,
아들 청개구리가
반대로 산에 묻어주리라
생각했던 것입니다.

엄마 청개구리가 죽자,
아들 청개구리는 매우 슬펐습니다.

그리고, 자신의 잘못을 뉘우치며
엄마 청개구리의 마음을 이해했습니다.

'내가 엄마 말을 듣지 않아서
엄마가 돌아가신 거야.'

아들 청개구리는 후회했습니다.
하지만 이미 엄마는
하늘나라로 떠났습니다.

아들 청개구리는,
엄마의 마지막 소원을 들어주기로 했습니다.

그래서 엄마 청개구리를
냇가에 묻어 주었습니다.

하지만 비가 오면 엄마의 무덤이
냇물에 떠내려가지 않을까 걱정했습니다.

그래서 청개구리들은 비가 오면
항상 큰 소리로 우는 것입니다.

"Mon fils, je ne pense pas que je vivrai longtemps. Si je meurs, n'oublie pas de m'enterrer près du ruisseau".

En fait, la mère grenouille verte voulait être enterrée dans la montagne.

Mais elle pensait que, si elle disait cela, le fils grenouille verte l'enterrerait dans la montagne, faisant ainsi le contraire de ce qu'elle avait dit.

Lorsque la mère grenouille verte mourut, le fils grenouille verte fut très triste.

Regrettant sa faute, il comprit ce qu'avait ressenti la mère grenouille verte.

"Ma mère est morte parce que je n'ai pas écouté ce qu'elle disait."

Le fils grenouille verte était rempli de regrets, mais sa mère était déjà partie au ciel.

Le fils grenouille verte décida d'exaucer le dernier souhait de sa mère.

Il enterra donc la mère grenouille verte près du ruisseau.

Cependant, il craignait que la tombe de sa mère ne soit emportée par le ruisseau s'il pleuvait.

C'est pour cette raison que les grenouilles vertes coassent si fort lorsqu'il pleut.

Note culturelle

Cette histoire est un conte populaire qui nous enseigne l'importance de la piété filiale. Elle constitue un moyen amusant de découvrir l'écologie des grenouilles arboricoles et les efforts du peuple coréen pour interpréter les phénomènes naturels à l'époque où la science n'était pas encore développée.

Vocabulaire

어느 un/une (comme article indéfini). 연못 un étang. 아들 un fils.
반대로 l'autre sens. 숲 une forêt. les bois. 속 à l'intérieur. 뱀 un serpent.
위험 un danger. 위험하니 parce que c'est dangereux. 일부러 intentionnellement. 놀러 가다 aller jouer. 매일 tous les jours. 결국 éventuellement. 쓰러지다 s'effondrer. 죽음 la mort. 다가오다 s'approcher.
냇가 le côté d'un ruisseau. 꼭 sûrement. 산 une montagne. 원하다 vouloir.
잘못 une faute. 뉘우치다 se repentir/se désoler. 마음 l'esprit/le cœur.
이해하다 comprendre. 돌아가시다 passer/décéder.
후회하다 regretter. 이미 déjà. 떠나다 de partir. 소원 un souhait. 비 la pluie.

Proverbe

소 잃고 외양간 고친다.
Réparer l'étable après avoir perdu la vache.
"Quand la jument est sortie, il n'est plus temps de fermer l'étable"

Il s'agit d'une remarque sarcastique selon laquelle il est inutile de regretter quelque chose une fois que les choses ont déjà mal tourné.

Compréhension de la lecture Quiz

D'après l'histoire, on peut supposer que le fils grenouille verte avait toujours été rancunier envers sa maman.

A. Vrai B. Faux

D'après l'histoire, le fils grenouille verte ne semblait pas avoir peur des serpents.

A. Vrai B. Faux

Laquelle des raisons suivantes est la plus probable pour expliquer l'inquiétude de la maman grenouille verte pour son fils ?

A. Il pouvait étudier trop dur. B. Il pouvait aider d'autres grenouilles vertes dans le besoin.
C. Il pouvait se mettre dans des situations dangereuses.
D. Il pouvait comprendre le sens de la vie.

D'après l'histoire, la maman grenouille verte pensait que son fils ferait exactement ce qu'elle lui avait demandé de faire après sa mort.

A. Vrai B. Faux

Le fils grenouille verte était triste parce que...

A. Sa maman lui avait demandé de faire quelque chose qu'il lui était impossible de faire seul.
B. Sa mère ne lui avait pas laissé d'argent pour vivre. C. Il allait pleuvoir tous les jours après sa mort.
D. Il avait compris ce que sa mère avait dû ressentir.

Le fils regretta-t-il ses erreurs ?

A. Oui B. Non C. On ne peut pas le dire d'après l'histoire.

La maman grenouille verte voulait en fait être enterrée près du ruisseau.

A. Vrai B. Faux

Réponse : B / A / C / B / D / A / B

꾀 많은 토끼와 호랑이
Le lapin rusé et le tigre

어느 날, 깊은 산 속 오솔길에서 토끼와 호랑이가 마주쳤습니다.

Un jour, un lapin et un tigre se rencontrèrent sur un profond sentier de montagne.

"어흥! 배가 고프니 너를 잡아 먹어야겠다."

"Rhaaa ! J'ai faim, je vais te manger".

호랑이가 으르렁거리며 토끼를 잡아먹으려고 했습니다. 하지만 영리한 토끼는 좋은 꾀가 떠올랐습니다.

Le tigre grogna et essaya de manger le lapin. Mais le lapin, très malin, trouva un bon stratagème.

"호랑이님, 떡을 구워 드릴까요?"

"Monsieur le tigre, voulez-vous que je vous fasse griller des galettes de riz ?"

떡을 좋아하는 호랑이는 침을 흘리며 고개를 끄덕였습니다. 토끼는 불을 피우고 돌멩이 열 한 개를 주워왔습니다.

Le tigre, qui aimait les galettes de riz, bava et acquiesça. Le lapin fit un feu et ramassa onze pierres.

그리고, 떡과 함께 먹을 김칫국을 가져오겠다고 말했습니다.

Il dit qu'il apporterait de la soupe de kimchi pour manger avec les gâteaux de riz.

"호랑이님, 떡을 굽고 있으세요. 제가 김칫국을 가져오는 동안 떡이 익을 거예요. 하지만 떡은 딱 열 개니까 먼저 먹으면 안 돼요."

"Monsieur le tigre, faites griller les galettes de riz. Elles vont cuire pendant que j'apporte ma soupe de kimchi. Mais il n'y a que dix galettes de riz, il ne faut pas les manger avant."

토끼는 재빨리 사라졌습니다.

호랑이는 기다리다 지쳐,
떡의 개수를 세어보았습니다.
열 개인 줄 알았던 떡은
열 한 개였답니다.

배가 고팠던 호랑이는 몰래
떡 하나를 먹기로 했습니다.

구워지고 있는 떡 중
가장 큰 떡을 하나 집어
얼른 입에 집어넣었지요.

"으악! 뜨거워!"

불에 잘 달구어진 돌멩이는
호랑이의 배 속을 고통스럽게 만들었습니다.
하지만 이미 토끼는 멀리 도망친 후였습니다.

Le lapin disparut rapidement.

Le tigre, fatigué d'attendre, compta le nombre de galettes de riz. Il y en avait onze, alors que le tigre pensait qu'il n'y en avait que dix.

Le tigre affamé décida de manger secrètement une galette de riz.

Il prit l'une des plus grosses galettes de riz en train de griller et la mit rapidement dans sa bouche.

"Argh ! C'est chaud !"

La pierre très chaude fit mal au ventre du tigre, mais c'était déjà bien après que le lapin se fut enfui bien loin.

Note culturelle

Comme l'histoire de David et Goliath dans la Bible, la morale de cette histoire est que, quelle que soit votre faiblesse, vous pouvez surmonter les difficultés si vous faites preuve de sagesse, même dans des situations dangereuses. En même temps, elle avertit que, quelle que soit votre force, vous pouvez être vaincu si vous regardez l'autre de haut.

Vocabulaire

오솔길 un chemin/une piste. 토끼 un lapin. 마주치다 se heurter. 잡아먹다 chasser et manger. 영리한 intelligent. 꾀 un stratagème. 떠오르다 remonter/flotter. 떡 gâteau de riz. 침 cracher/saliver. 고개 la tête/une colline. 끄덕이다 hocher la tête. 불 le feu. 돌멩이 une pierre/un caillou. 열 dix 열한 개 onze de (quelque chose), où 개 est le contre-mot pour indiquer la quantité de quelque chose. 먼저 premier/avant. 재빨리 rapidement. 사라지다 disparaître. 기다리다 d'attendre. 지치다 être fatigué/épuisé. 수 quantité. 세어보다 compter. 배가 고프다 a faim. 몰래 secrètement. 얼른 rapidement. 집어넣다 mettre dans. 고통 douleur.

Proverbe

욕심 많은 놈이 참외 제쳐놓고 호박 고른다
L'avide mettra de côté la poire et choisira la citrouille.

L'avidité excessive vous rendra aveugle et vous mènera à votre perte.
*Dans cette expression, la poire est perçue comme plus précieuse que la citrouille.

Compréhension de la lecture Quiz

D'après l'histoire, le lapin était impatient de rencontrer le tigre.

A. Vrai B. Faux

Le tigre voulait manger le lapin parce qu'il était...

A. Aveugle B. Muet C. Affamé D. Ennuyé

Le lapin proposa au tigre de faire griller des galettes de riz par respect.

A. Vrai B. Faux

Le lapin aimait manger des pierres cuites.
A. Vrai B. Faux

Le tigre était furieux d'apprendre qu'il y avait onze galettes de riz alors qu'on lui en avait dit dix.

A. Vrai B. Faux

Le tigre pensait que même s'il mangeait une des galettes de riz, le lapin ne le remarquerait pas.

A. Vrai B. Faux

Le tigre souffrit parce que la galette de riz n'était pas tout à fait cuite.

A. Vrai B. Faux

Réponse : B / C / B / B / B / A / B

낚시하는 호랑이
Le tigre pêcheur

어느 추운 겨울날, 여우와 호랑이가 강가에서 마주쳤습니다. 호랑이는 앞발로 여우의 목을 세게 누르며 외쳤습니다.

"너는 나의 저녁 식사다!"

하지만 영리한 여우가 말했습니다.

"저에게 자비를 베푸시면, 싱싱한 물고기 잡는 법을 가르쳐 드리겠습니다."

물고기를 좋아하는 호랑이는 여우를 살려주었습니다.

여우는 호랑이를 강가 한가운데로 데려갔습니다.

그리고 얼음 구멍 속에 호랑이의 꼬리를 담그라고 했습니다.

"이렇게 꼬리를 담그고 있으면 물고기들이 와서 꼬리에 달라 붙을 것입니다." 라고 말했습니다.

호랑이는 물고기를 먹는 상상에 들떴습니다.

Par une froide journée d'hiver, un renard et un tigre tombèrent l'un sur l'autre au bord de la rivière. Le tigre cria, appuyant fortement sur le cou du renard avec ses pattes avant.

"Tu es mon dîner !"

Mais le renard, très malin, répondit :

"Si tu as pitié de moi, je t'apprendrai à pêcher du poisson frais."

Le tigre, qui aimait le poisson, lâcha le renard.

Le renard emmena le tigre au milieu de la rivière,

et lui dit de tremper sa queue dans le trou de glace.

"Si tu plonges ta queue comme ça, les poissons viendront s'accrocher à ta queue", lui dit le renard.

Le tigre était tout excité à l'idée de manger du poisson.

하지만 시간이 지나자 점점 몸이
차가워졌습니다.

호랑이는 꼬리에 잔뜩 매달려 있는 물고기를
상상하며 참았습니다.

바로 그때, 갑자기 여우가 일어나서
집에 가겠다며 작별 인사를 건넸습니다.

호랑이가 여우에게 어디에 가느냐고 물었고,
토끼가 대답했습니다.

"멍청한 호랑이가 꼬리를 빼내기 전에
서둘러 도망가야지요."

호랑이는 그제야 자신이 속아버린 것을
깨달았습니다.

하지만 호랑이는 전혀 움직일 수 없었습니다.

호랑이의 꼬리는 이미 얼음 구멍 속에서
얼어버렸기 때문입니다.

호랑이는 멀리 사라지는 여우의 뒷모습을
바라볼 수밖에 없었습니다.

Mais au fur et à mesure que le temps
passait, son corps se refroidissait.

Le tigre résista, imaginant les poissons
accrochés à sa queue.

À ce moment-là, le renard se réveilla
soudain et fit ses adieux, disant qu'il allait
rentrer chez lui.

Le tigre demanda au renard où il allait, et
le renard répondit :

"Je dois m'enfuir rapidement avant que ce
stupide tigre ne sorte sa queue en tirant
dessus."

Ce n'est qu'à ce moment-là que le tigre se
rendit compte qu'il avait été dupé.

Mais le tigre ne pouvait pas bouger,

parce que sa queue avait gelé dans le trou
de glace.

Le tigre n'eut d'autre choix que de regarder
le dos du renard qui disparaissait au loin.

Note culturelle

Les renards, tout comme les lapins, sont des animaux que les Coréens considèrent comme très rusés. La morale de l'histoire est qu'on peut surmonter une situation difficile grâce à notre sagesse, mais si on devient trop avide, en voulant plus que ce que l'on a déjà, comme le tigre, on finit par perdre ce qu'on avait déjà obtenu.

Vocabulaire

추운 froid. 겨울 l'hiver. 여우 un renard. 앞발 une patte avant. *앞 signifie "avant". 외치다 crier. 저녁 식사 repas du soir/dîner. 자비 la pitié. 싱싱한 frais. 물고기 poisson. 한가운데 au milieu/centre. 얼음 la glace. 구멍 un trou. 꼬리 une queue. 담그다 tremper/immerger. 상상 imagination. 들뜨다 être excité. 시간 temps. 작별 인사 un adieu. 어디에 (vers) où. 대답하다 répondre. 멍청한 stupide. 전에 avant/précédemment. 서둘러 rapidement. 전혀 du tout. 이미 déjà. 때문이다 c'est parce que -.

Proverbe

바다는 메워도 사람의 욕심은 못 채운다
On peut remplir l'océan, mais on ne peut pas remplir l'avidité des gens.
Cela signifie que l'avidité des gens est sans limite.

Compréhension de la lecture Quiz

Selon l'histoire, le tigre n'avait pas dîné lorsqu'il a rencontré le renard.

A. Vrai B. Faux

D'après l'histoire, la rivière avait une zone qui n'était pas encore gelée.

A. Vrai B. Faux

D'après l'histoire, on peut affirmer que le renard attrapait aussi des poissons avec sa queue.

A. Vrai B. Faux

Le tigre put supporter la douleur de l'eau glacée, car il était ravi à l'idée de...

A. Manger du poisson. B. Cuisiner du poisson. C. Manger le poisson et le renard.

Le renard pensait que le tigre était...

A. Courageux B. Effrayant C. Stupide D. Intelligent

Le tigre a dû souhaiter...

A. Avoir une queue plus longue. B. Savoir ce que faisait le renard.

C. Ne pas être trop effrayant. D. Pouvoir courir plus vite.

D'après l'histoire, on peut dire que la plus grande force du renard est...

A. Ses dents B. Sa vitesse C. Son sens de l'humour D. Sa sagesse

Réponse : A / A / B / A / C / B / D

하늘이 더 잘 안다
Le ciel sait mieux que tout le monde

아주 오랜 옛날, 시골에 한 늙은 농부가 살고 있었습니다.

Il y a longtemps de ça, un vieux fermier vivait à la campagne.

그는 수박을 재배하고 있었습니다. 그해에는 비가 많이 내리지 않았습니다.

Il cultivait des pastèques. Cette année-là, il n'avait pas beaucoup plu.

어느 가을 날, 농부는 수박을 따러 나갔어요.

Un jour d'automne, le fermier sortit pour cueillir les pastèques.

하지만 가뭄 때문에, 예전만큼 수박이 크게 자라지 않아서 농부는 낙담했습니다.

Cependant, à cause de la sécheresse, le fermier fut déçu de voir que les pastèques n'étaient pas aussi grosses qu'auparavant.

농부가 머리를 들어 보니 도토리나무가 있었습니다.

Lorsque le fermier leva la tête, il vit un gland.

멀리서 보니, 나뭇가지마다 도토리가 수천 개가 달린 것만 같았습니다.

De loin, on aurait dit qu'il y avait des milliers de glands sur chaque branche.

농부가 한숨을 내쉬며 말했습니다.

Le fermier soupira et dit,

'저 나무에 도토리 대신 수박이 자라면 좋을 텐데!'

Ce serait bien que des pastèques poussent sur l'arbre à la place des glands !

바로 그때, 다람쥐 한 마리가 도토리나무 위에 올라갔습니다.

À ce moment-là, un écureuil grimpa sur l'arbre à glands.

그런데 나뭇가지가 흔들리면서 도토리 하나가 나무에서 떨어졌습니다.

Cependant, comme la branche tremblait, un gland tomba de l'arbre.

그 도토리는 나이 많은 농부의 정수리를 때렸습니다.

농부가 '아야!' 하고 소리쳤습니다.

농부는 아픈 정수리를 만지면서 생각했습니다.

'역시 하늘은 나보다 잘 아는구나.

만약 저 도토리가 아니라 그 큰 수박이었다면 내 머리는 박살이 났을 거야.'

Le gland heurta le sommet de la tête du vieux fermier.

Le fermier s'écria : "Aïe !".

Le fermier réfléchit en se touchant le sommet de la tête,

Évidemment, le ciel sait mieux que moi.

Si cela avait été une grosse pastèque, et non ce gland, ma tête aurait été écrasée.

Note culturelle

La morale de l'histoire est conforme à l'idéologie coréenne traditionnelle. Appréciez le cours de la nature et faites de votre mieux pour travailler avec diligence dans les circonstances où vous vous trouvez, plutôt que d'être avide et mécontent.

Vocabulaire

시골 une campagne/une région rurale. 늙은 vieux/âgée. 농부 un agriculteur. 수박 pastèque. 재배하다 cultiver. 해 le soleil / une année. 가을 l'automne. 가뭄 la sécheresse. 낙담하다 être découragé. 머리 une tête. 도토리 un gland. 나무 un arbre. 나뭇가지 une branche/un membre. 한숨 un soupir.
대신 à la place. 다람쥐 un écureuil. 흔들리다 être secoué. 나이 l'âge. 정수리 le sommet de la tête. 때리다 frapper. 아픈 blessant. 역시 comme prévu/également/trop. 잘 bien. 만약 si.

Proverbe

남의 밥에 든 콩이 굵어 보인다
Les haricots dans le riz des autres ont l'air plus gros.

Au sens figuré, cette expression fait référence à l'esprit humain pour lequel les autres semblent être toujours dans une meilleure situation que soi-même, même si ce n'est pas le cas.

Compréhension de la lecture Quiz

D'après l'histoire, on peut supposer que les pastèques peuvent grossir même sans pluie.

A. Vrai B. Faux

L'agriculteur était déçu parce que...

A. Il n'avait pas beaucoup plu. B. Les pastèques n'étaient pas aussi grosses qu'avant.

C. Les pastèques n'avaient plus le même goût qu'avant.

D. Il n'avait pas trouvé d'acheteurs.

D'après l'histoire, on peut supposer que les glands poussent dans le sol.

A. Vrai B. Faux

D'après l'histoire, si les pastèques poussent sur les arbres, il y aura...

A. Plus de pastèques B. Moins de pastèques C. Des pastèques plus grosses

D. Des pastèques plus petites

Le gland a frappé le crâne du vieux fermier parce que...

A. Un écureuil l'a accidentellement touché. B. Le vent l'a fait tomber de la branche.

C. L'arbre a été secoué. D. Le vieux fermier a prié pour cela.

D'après l'histoire, nous pouvons supposer que le vieux fermier n'aurait pas appris la leçon si cela ne s'était pas produit.

A. Vrai B. Faux

D'après l'histoire, nous pouvons supposer que le sentiment du fermier à l'égard du ciel est...

A. Le respect B. La colère C. La haine D. La confusion

Réponse : A / B / B / A / C / A / A

PISTE AUDIO #6

코 없는 신랑과 입 큰 각시
Le mari sans nez et la femme à grande bouche

옛날에 코 없는 신랑과 입 큰 각시가 살았습니다.

어느 날, 이웃 마을에 사는 친구가 생일잔치를 한다고 편지를 보내왔습니다.

코 없는 신랑과 입 큰 각시는 걱정이 태산이었습니다. 잔치에 가면, 사람들에게 놀림감이 될 것 같았습니다.

"옳지, 여보. 좋은 생각이 났어요. "

입 큰 각시가 코 없는 신랑에게 웃으며 말했습니다. 코 없는 신랑은 궁금해하며 그것이 무엇이냐 물었습니다.

"당신 코는 양초를 녹여서 만들고, 제 입에는 밀가루 반죽을 붙이고 그 위에 화장을 하면 아무도 모를 거예요."

Il était une fois un mari sans nez et une femme à grande bouche.

Un jour, un ami vivant dans un village voisin envoya une lettre disant qu'il allait fêter son anniversaire.

Le mari sans nez et la femme à la grande bouche étaient très inquiets. Ils pensaient que les gens allaient se moquer d'eux s'ils allaient à la fête.

"Ne t'inquiète pas, chéri. J'ai une bonne idée",

dit en souriant la femme à la grande bouche à son mari qui n'avait pas de nez. Le mari, qui n'avait pas de nez, rempli de curiosité demanda à en savoir plus.

"Si nous te fabriquons un nez en faisant fondre des bougies et que nous mettons de la pâte de farine sur ma bouche et que nous la maquillons, personne ne le saura."

부부는 기뻐하며 얼굴에 치장을 시작했습니다. 그리고 무사히 친구 생일잔치에 갈 수 있었습니다.

부부는 잔치에서 맛있는 음식들을 먹기 시작했습니다.

하지만 뜨거운 음식 때문에 신랑 코에 붙어 있던 양초 코가 녹아내리기 시작했습니다.

그것을 본 각시도 너무 크게 웃다가 입가에 붙은 밀가루 반죽이 떨어졌습니다.

그 광경을 본 사람들은 모두 웃었습니다.

결국 부부는 창피한 나머지 집으로 돌아오고 말았습니다.

"우리, 이제부터는 그냥 생긴 대로 삽시다."

그리고 그 후 입 큰 각시와 코 없는 신랑은 못생긴 걸 원망하지 않았습니다.

Le mari et la femme commencèrent à décorer leur visage avec joie. Et ils purent se rendre sans problème à la fête d'anniversaire de leur ami.

Le couple commença à manger de délicieux plats lors de la fête.

Cependant, le nez de bougie attaché au visage du mari commença à fondre à cause de la nourriture chaude.

La femme, voyant cela, se mit à rire si fort que la farine sur le côté de sa bouche tomba. Tous ceux qui virent la scène rirent.

Finalement, le mari et la femme rentrèrent chez eux, embarrassés.

"Vivons désormais comme nous sommes."

Après cela, la femme à la grande bouche et le mari sans nez n'étaient plus gênés d'être laids.

Note culturelle

La morale de l'histoire est que l'on peut vivre heureux si l'on pense positivement, même en ce qui concerne nos défauts. Elle reprend également l'idéologie coréenne traditionnelle de la piété filiale, qui veut que notre corps soit un don précieux reçu de nos parents.

Vocabulaire

코 un nez/une morve. 신랑 un mari. 입 une bouche. 각시 une femme.
이웃 un voisin. 마을 un village. 친구 un ami. 생일 un anniversaire.
잔치 une fête. 편지 une lettre. 걱정 un souci. 태산 une grande montagne, mais familièrement utilisé pour signifier "énorme". 놀림감 un objet de moquerie.
여보 chéri (généralement entre une femme et un mari). 양초 une bougie.
밀가루 la farine. 반죽 une pâte. 화장 le maquillage. 아무도 personne.
부부 mari et femme. 기뻐하다 être heureux/heureuse.
치장 toilettage/décoration. 무사히 en toute sécurité. 맛있는 délicieux.
음식 nourriture/repas. 뜨거운 chaud. 녹아내리다 fondre.
떨어지다 tomber, couler. 광경 une scène/une vue. 창피한 honteux.
그냥 juste. 원망하다 à blâmer.

Proverbe

뚝배기보다 장맛이 좋다.
Le goût de la pâte de soja est meilleur que (l'apparence du) bol en terre dans lequel elle est présentée.
"Ne jugez pas un livre à sa couverture."

Les apparences sont souvent trompeuses.

Compréhension de la lecture Quiz

D'après l'histoire, nous savons pourquoi le mari n'a pas de nez.

A. Vrai B. Faux

Comment ont-ils reçu une invitation à une fête d'anniversaire ?

A. Messager B. Télépathie C. Lettre D. Journal

En recevant l'invitation, le couple s'est senti...

A. Humilié B. En colère C. Affamé D. Inquiet

La femme à la grande bouche a souri parce que...

A. Elle a eu une bonne idée. B. Elle n'était pas obligée d'aller à la fête.

C. Elle pouvait acheter de nouvelles chaussures. D. La maison de l'ami était juste à côté.

D'après l'histoire, le couple pensait que le plan fonctionnerait.

A. Vrai B. Faux

D'après l'histoire, il semble que les personnes présentes à la fête n'aient pas remarqué leur maquillage au début.

A. Vrai B. Faux

Qu'est-ce qui a fait fondre le nez du mari ?

A. Le temps froid B. Le temps chaud C. Le vent fort D. La nourriture chaude

Réponse : B / C / D / A / A / A / D

은혜를 갚은 까치
La pie qui retourna la faveur

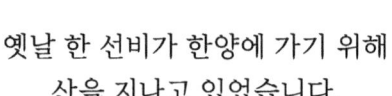

옛날 한 선비가 한양에 가기 위해 산을 지나고 있었습니다.

Il était une fois un érudit qui traversait une montagne pour se rendre à Hanyang.

그는 산에서 구렁이가 새끼 까치를 잡아먹으려는 것을 보았습니다.

Il vit un python qui essayait de manger le bébé d'une pie dans la montagne.

선비는 새끼 까치를 구해주기 위해서 구렁이를 죽였습니다.

L'érudit tua le python pour sauver le bébé pie.

시간이 흘러 밤이 되었습니다. 선비는 잠을 잘 곳을 찾다가 집을 발견했습니다.

Le temps passa et la nuit tomba. L'érudit trouva une maison alors qu'il cherchait un endroit pour dormir.

선비가 집에 도착하자, 아름다운 여인이 나와서 반겼습니다.

Lorsqu'il arriva à la maison, une belle femme sortit et lui souhaita la bienvenue.

여인은 선비가 하룻밤을 머물 수 있도록 허락해 주었습니다.

La femme autorisa l'érudit à passer la nuit chez elle.

한밤중, 잠을 자던 선비는 갑자기 숨을 쉴 수 없었습니다. 선비가 눈을 떠보니 커다란 구렁이 한 마리가 선비의 목을 단단히 조르고 있었습니다.

Au milieu de la nuit, l'érudit ne put soudain plus respirer en dormant. Lorsqu'il ouvrit les yeux, un grand python l'étranglait fermement.

그렇습니다. 이 구렁이는 아까 낮에 선비가 죽인 구렁이의 아내였습니다.

En fait, ce python était la femme du python que l'érudit avait tué plus tôt dans la journée.

선비는 구렁이에게 자비를 베풀어 달라고 했습니다. 하지만 구렁이는 남편의 복수를 해야 한다고 말했습니다.

대신, 구렁이는 날이 새기 전에 절에서 종이 세 번 울리면 선비를 풀어주겠다고 약속했습니다.

종을 세 번 울릴 방법이 없는 선비는 포기했습니다. 아침이 밝아 오자, 구렁이는 선비를 잡아먹으려고 했습니다.

바로 그때, 선비와 구렁이는 어디선가 종 치는 소리를 들었습니다.

종이 세 번 울리자 구렁이는 선비를 살려주었습니다. 구렁이는 멀리 사라졌습니다.

간신히 살아난 선비는 누가 종을 쳤는지 궁금했습니다. 선비가 종이 있는 곳으로 가보니 그곳에 어미 까치의 사체가 있었습니다.

자세히 보니 어미 까치의 머리에 피가 있었습니다.

어미 까치가 자신의 새끼를 살려준 은혜를 갚기 위해 자신의 목숨을 희생한 것이었습니다.

선비는 은혜를 갚고 죽은 까치를 잘 묻어주었습니다.

L'érudit supplia le python de faire preuve de pitié. Mais le python répondit qu'elle devait venger son mari.

Au lieu de cela, elle promit de libérer l'érudit si la cloche sonnait trois fois au temple avant que le jour ne se lève.

L'érudit, qui n'avait aucun moyen de faire sonner la cloche trois fois, renonça. Le matin venu, le python essaya de manger l'érudit.

À ce moment-là, l'érudit et le python entendirent une cloche sonner quelque part.

Lorsque la cloche sonna trois fois, le python épargna l'érudit. Le python disparut au loin.

L'érudit, qui avait survécu de justesse, se demanda qui avait sonné la cloche. Lorsque l'érudit se rendit à l'endroit où se trouvait la cloche, il y vit le cadavre d'une mère pie.

En regardant de près, il y avait du sang sur la tête de la mère pie.

La mère pie avait sacrifié sa vie pour remercier l'érudit d'avoir sauvé son bébé.

L'érudit enterra soigneusement la pie qui lui avait retourné la faveur.

Note culturelle

L'une des idées coréennes les plus importantes est de retourner les faveurs aux autres. Être attentionné envers ses parents, c'est aussi leur retourner la faveur pour nous avoir permis de naître dans ce monde. Dans cette histoire, la pie a sonné la cloche au prix de sa vie pour remercier l'érudit. Même les pies, qui ne sont que des animaux, montrent de la gratitude pour la gentillesse de quelqu'un et souhaitent retourner la faveur. La pie est l'un des animaux les plus familiers pour les Coréens, et c'est un symbole de bon augure. C'est pourquoi de nombreux Coréens croient que lorsque les pies jacassent, des invités bienvenus vont leur rendre visite. Cette histoire nous donne l'occasion de penser aux personnes qui nous ont aidés et de leur être reconnaissants.

Vocabulaire

선비 un érudit. 한양 l'ancienne capitale de la Corée. 구렁이 un python.
까치 une pie. 밤 la nuit. 아름다운 belle/gorgeuse. 여인 dame/femme.
허락해주다 Permettre. 한밤중 au milieu de la nuit. 숨을 쉬다 de respirer.
목을 조르다 d'étrangler. 낮 jour. 복수 vengeance. 절 un temple bouddhiste
방법 une méthode/des moyens. 살아나다 survivre/s'échapper.
궁금해하다 s'interroger. 어미 mère. 은혜 la grâce/la bonté.

Proverbe

콩 심은데 콩나고 팥 심은데 팥 난다.
Vous plantez du soja, vous obtenez du soja. Vous plantez des haricots rouges, vous obtenez des haricots rouges.
"On récolte ce que l'on sème."

Une déclaration métaphorique selon laquelle toute action a des conséquences qui dépendent de la cause.

Compréhension de la lecture Quiz

Selon l'histoire, le python s'est introduit dans la maison de l'érudit pour manger le bébé pie.

A. Vrai B. Faux

L'érudit a tué le python pour protéger sa femme.

A. Vrai B. Faux

D'après l'histoire, on peut deviner le sexe du python, qui est une femelle.

A. Vrai B. Faux

Le python a essayé de tuer l'érudit...

A. En l'empoisonnant B. En l'étranglant C. En le mangeant D. En le poussant

Quelle est l'émotion la plus probable du python envers l'érudit ?

A. La joie B. La rancune C. La satisfaction D. La confusion

Quelle est l'émotion la plus probable de la pie à l'égard de l'érudit ?

A. La gratitude B. La colère C. L'excitation D. La déception

D'après l'histoire, la pie a dû frapper la cloche avec...

A. Son bec B. Ses ailes C. Ses pattes D. Sa tête

Réponse :B / B / A / B / B / A / D

흥부전
L'histoire de Heungbu

어느 날, 가난한 흥부는 형 놀부네 집에 찾아갔습니다.

놀부는 부모님의 유산을 혼자 모두 물려받아 부자였습니다.

흥부는 놀부의 아내에게, 돈과 먹을 것이 없어서 그러니 한 푼만 달라고 했습니다.

하지만 놀부의 아내는 밥주걱으로 흥부의 뺨을 세게 쳤습니다. 그리고 흥부를 내쫓았습니다. 뺨이 퉁퉁 불은 불쌍한 흥부는 자신의 초라한 오두막으로 돌아왔습니다.

어느 봄날, 제비가 흥부네 집 마당에 떨어졌습니다. 흥부가 자세히 살펴보니 제비의 다리가 부러져 있었습니다. 흥부는 제비가 불쌍해 다리를 고쳐주었습니다.

다음 해 봄날, 건강해진 제비가 흥부네 집에 날아왔습니다. 제비는 흥부에게 박씨를 주고 갔습니다. 흥부는 그 작은 박씨를 집 마당 한 쪽에 심었습니다.

Un jour, le pauvre Heungbu se rendit chez son frère aîné Nolbu.

Seul Nolbu avait hérité de tous les biens légués par ses parents et était riche.

Heungbu demanda à la femme de Nolbu de lui donner un sou, car il n'avait ni argent ni nourriture.

Mais la femme de Nolbu gifla Heungbu avec une spatule à riz et le mit à la porte. Le pauvre Heungbu, dont les joues étaient gonflées, retourna dans sa cabane miteuse.

Un jour de printemps, une hirondelle tomba dans la cour de la maison de Heungbu. Heungbu observa attentivement et découvrit que la patte de l'hirondelle était cassée. Heungbu eut pitié de l'hirondelle et soigna sa patte.

Au printemps suivant, l'hirondelle ayant retrouvé toute sa santé se rendit dans la maison de Heungbu. L'hirondelle donna à Heungbu une graine de courge. Heungbu planta la petite graine de courge dans un côté de la cour.

놀랍게도, 그해 가을에, 지붕이 박으로 뒤덮였습니다. 흥부와 아내는 톱을 가져와 박을 자르기 시작했습니다.

박을 열자, 귀한 보물들이 쏟아졌습니다. 그래서 흥부와 가족들은 엄청난 부자가 되었습니다.

놀부도 이 이야기를 들었습니다. 놀부가 흥부를 찾아와서, 비밀을 물어보았습니다. 착한 흥부는 놀부에게 자세히 알려주었습니다.

놀부는 곧바로 집으로 돌아왔습니다. 놀부는 제비를 잡아서, 일부러 다리를 부러뜨린 뒤 고쳐 주었습니다.

그리고 다음 해 봄, 놀부도 박씨를 받았습니다. 놀부도 박씨를 심었습니다.

그해 가을, 놀부와 아내도 톱으로 박을 열심히 자르기 시작했습니다. 놀랍게도, 박이 열리자, 무서운 괴물들이 나타났습니다.

그들은 놀부의 집을 모두 부수고 재물을 훔쳐서 사라졌습니다. 다른 박에서는 오물이 가득했습니다.

집과 재물을 모두 잃은 놀부와 아내는 슬펐습니다. 하지만 마음이 착한 흥부는 자신의 재산을 놀부와 나누었습니다.

자신의 잘못을 알게 된 놀부는 흥부에게 사과했습니다. 그 후로 형제는 행복하게 살았습니다.

Étonnamment, à l'automne de cette année-là, le toit était couvert de courges. Heungbu et sa femme allèrent chercher des scies et ils commencèrent à couper les courges.

En ouvrant les courges, de précieux trésors en sortirent. Heungbu et sa famille devinrent très riches.

Nolbu entendit lui aussi cette histoire. Nolbu vint trouver Heungbu et lui demanda son secret. Le bon Heungbu expliqua à Nolbu tous les menus détails.

Nolbu rentra immédiatement chez lui. Il attrapa une hirondelle, lui cassa volontairement la patte et la soigna.

Et au printemps suivant, Nolbu reçut également une graine de courge. Nolbu planta également la graine de courge.

À l'automne de la même année, Nolbu et sa femme commencèrent à couper les courges avec des scies. À leur grande surprise, en ouvrant les courges, des monstres effrayants apparurent.

Ils détruisirent toute la maison de Nolbu, en volèrent des biens et disparurent. Les autres courges étaient pleines d'immondices.

Nolbu et sa femme, qui avaient perdu leur maison et leurs biens, étaient tristes. Cependant, Heungbu, qui avait bon cœur, partagea ses biens avec Nolbu.

Nolbu, qui avait appris son erreur, s'excusa auprès de Heungbu. Depuis lors, les frères vécurent heureux jusqu'à la fin

Note culturelle

L'histoire d'un frère aîné cupide et d'un jeune frère, bon et stupide, est l'un des contes traditionnels les plus célèbres de Corée. L'une des caractéristiques de la société coréenne est que, lorsque les parents meurent, ils lèguent tous leurs biens uniquement à leur fils aîné. Cela représente un favoritisme à l'égard du fils aîné, qui peut perpétuer le nom de la famille dans la société coréenne centrée sur le père. D'une certaine manière, cette coutume très injuste a conduit à des conflits de propriété entre frères. Beaucoup de ces coutumes ont disparu aujourd'hui, mais malheureusement, ces problèmes se posent encore souvent dans la société coréenne d'aujourd'hui. C'est pour cette raison que, dans les contes traditionnels coréens, le frère aîné est souvent présenté comme une personne cupide, et le frère cadet comme une personne pauvre mais honnête. Cette histoire vous permettra d'apprendre l'importance du pardon et du partage.

Vocabulaire

가난한 pauvre. 찾아가다 rendre visite. 부모님 parents. 유산 héritage / legs. 아내 une femme. 푼 centime/unité monétaire coréenne utilisée dans le passé. 밥주걱 une rame de riz. 뺨 joues. 초라한 minable. 오두막 une cabane. 봄 printemps. 제비 une hirondelle. 다리 une jambe/un pont. 부러지다 être cassé. 불쌍하다 est pathétique. 고쳐주다 de réparer. 건강해진 est devenu sain. 박씨 une graine de courge. (박 signifie "gourde" et 씨 signifie "graine"). 심다 planter. 지붕 un toit. 뒤덮다 couvrir. 톱 une scie. 귀한 précieux. 보물 un trésor. 이야기 une histoire. 자세히 en détail. 부러뜨리다 de casser. 열심히 dur, diligent. 무서운 effrayant. 괴물 un monstre. 나타나다 apparaître. 재물 richesse/actif. 오물 saleté. 가득하다 est plein de. 나누다 partager. 사과하다 s'excuser. 행복하게 heureux.

Proverbe

가는 말이 고와야 오는 말이 곱다
Si les mots qui sortent sont beaux, alors les mots qui entrent seront beaux aussi.
"Une mauvaise action en entraîne une autre."

Cela signifie qu'il faut être gentil avec les autres pour que les autres soient gentils avec nous.

Compréhension de la lecture Quiz

D'après l'histoire, Heungbu était pauvre parce qu'il ne travaillait pas beaucoup.

A. Vrai B. Faux

Nolbu était riche parce qu'il avait...

A. Volé l'argent de Heungbu B. Trouvé une mine d'or
C. Hérité du legs de ses parents D. Travaillé plus dur

Comment la femme de Nolbu se sentait-elle lorsqu'elle a frappé Heungbu avec une spatule à riz ?

A. Désolée B. En colère C. Reconnaissante D. Récompensée

L'hirondelle a apporté une graine de courge pour exprimer...

A. Sa colère B. Sa rancune C. Sa gratitude D. Son mécontentement

D'après l'histoire, Nolbu semble avoir cru que l'hirondelle sentirait _____ envers lui.

A. De la gratitude B. De la colère C. De l'hostilité D. De la peine

D'après l'histoire, on peut deviner quelle patte de l'hirondelle était cassée.

A. Vrai B. Faux

Nolbu s'est excusé auprès de Heungbu parce qu'il...

A. N'avait pas d'argent. B. Regrettait ses fautes. C. Voulait se venger.

D. N'avait pas d'autre choix.

Réponse : B / C / B / B / A / B / B

호랑이와 곶감
Le tigre et le kaki séché

아주 옛날 어느 시골 마을에 있었던 일이에요. 배가 고픈 호랑이 한 마리가 마을로 내려왔어요.

"어흥! 저녁은 무엇을 먹을까?"

호랑이는 입맛을 다시며 중얼거렸어요.

바로 그때, 호랑이는 멀리서 아이가 우는 소리를 들었어요.

'어떤 아이가 저렇게 울지?' 호랑이는 우는 소리를 따라서 그 집에 도착했어요.

"너 자꾸 울면 호랑이가 온다!"

아이를 달래는 엄마의 목소리가 들렸어요. 하지만 그래도 아이는 울음을 그치지 않았어요.

'내가 무섭지 않은가?' 호랑이는 놀랐어요. 궁금해진 호랑이는 방문 앞에 몰래 앉았어요. 하지만 아이는 계속 울음을 그치지 않았어요. 호랑이는 더욱 궁금해졌어요.

Il y a bien longtemps, dans un village rural, un tigre affamé descendit vers le village.

"Rhaaa ! Que puis-je manger pour le dîner ?"

marmonna le tigre en se léchant les babines.

À ce moment-là, le tigre entendit de loin un enfant pleurer.

Où est l'enfant qui pleure comme ça ? Le tigre suivit le cri et arriva à une maison.

"Si tu continues à pleurer, le tigre viendra !"

On entendit la voix de la mère qui apaisait son enfant. Mais l'enfant n'arrêtait pas de pleurer.

Tu n'as pas peur de moi ? Le tigre était surpris. Le tigre curieux s'assit secrètement devant la porte. Mais l'enfant n'arrêtait pas de pleurer. Le tigre devint de plus en plus curieux.

그때, 엄마가 말했어요.

"알겠다! 그래, 곶감 여기 있다!"

그러자 아이가 울음을 뚝 그쳤어요.

'이럴수가! 아이가 울음을 그쳤네? 곶감이 얼마나 무섭길래 아이가 저렇게 겁을 먹지?'

호랑이는 머릿속으로 커다란 괴물을 상상했어요. 자신보다 훨씬 무서운 괴물! 호랑이는 너무 무서워서 외양간으로 몸을 숨겼어요.

그런데 얼마 후, 커다란 그림자 하나가 외양간으로 살금살금 들어왔어요.

저 녀석이 곶감인가보다!' 겁먹은 호랑이는 소 뒤에 숨었어요. 그런데 그 그림자는 호랑이의 등에 올라탔어요. 알고 보니 그 그림자는 소를 훔치러 온 도둑이었어요.

호랑이는 곶감이라는 괴물이 자신의 등에 올라탔다고 생각했어요. 그래서 전속력으로 달리기 시작했어요.

산의 중간 정도에 도착해서, 도둑은 호랑이의 등에서 떨어졌어요. 호랑이는 곶감이라고 하는 괴물이 없어졌다고 생각했어요.

곶감을 무서워 한 호랑이는 두 번 다시 사람이 사는 마을에 내려가지 않았어요.

그리고, 소를 훔치려고 했던 도둑도 두 번 다시는 소를 훔치지 않았어요.

La maman dit alors :

"D'accord ! Voici un kaki séché."

Soudain, l'enfant s'arrêta de pleurer.

Oh là là ! L'enfant s'est arrêté de pleurer ! Les kakis séchés sont-ils si effrayants que les enfants en ont aussi peur ?

Le tigre imagina un grand monstre dans sa tête. Un monstre bien plus effrayant que lui ! Le tigre avait tellement peur qu'il se cacha dans la grange.

Mais au bout d'un moment, une grande ombre se glissa dans la grange.

Ce doit être le kaki séché ! Le tigre effrayé se cacha derrière une vache. Mais l'ombre monta sur le dos du tigre. Il s'avéra que l'ombre était un voleur venu dérober une vache.

Le tigre pensa qu'un monstre appelé kaki séché était monté sur son dos, et il se mit à courir à toute vitesse.

Arrivé au milieu de la montagne, le voleur tomba du dos du tigre. Le tigre pensa qu'un monstre appelé kaki séché avait disparu.

Effrayé par les kakis séchés, le tigre ne descendit plus jamais dans un village humain.

Et le voleur qui avait essayé de voler une vache ne vola plus jamais de vache.

Note culturelle

Dans cette histoire drôle, la mère a heureusement repoussé l'effrayant tigre en mentionnant des kakis séchés ! La morale de l'histoire est que l'on peut surmonter des situations difficiles en faisant preuve de sagesse. En outre, l'histoire du tigre qui s'enfuit, effrayé par l'existence de kakis séchés qu'il ne connaissait pas, nous donne le courage de ne pas avoir trop peur de problèmes que nous n'avons jamais rencontrés.

Vocabulaire

마리 un contre-mot pour les animaux. 내려오다 pour descendre. 입맛 l'appétit. 중얼거리다 marmonner. 아이 un enfant. 소리 son. 듣다 entendre/écouter. 따라서 donc. 도착하다 d'arriver. 자꾸 encore et encore/répétitivement. 달래다 pour apaiser. 목소리 voix. 들리다 est entendue. 울음 pleurs. 그치다 d'arrêter. 방문 une visite. 계속 continuer/continuer. 더욱 plus. 곶감 un kaki séché. 뚝 à la fois. 얼마나 combien/à quel point. 머릿속 à l'intérieur d'une tête. 훨씬 beaucoup plus. 외양간 une grange. 몸 un corps. 숨기다 se cacher. 그림자 une ombre. 살금살금 silencieusement. 등 le dos. 도둑 un voleur. 전속력 à toute vitesse. 중간 le milieu. 정도 degré/niveau.

Proverbe

자라 보고 놀란 가슴 솥뚜껑 보고 놀란다.
L'esprit qui est épouvanté en voyant un trionyx s'épouvante
en voyant un couvercle de chaudron.
"Chat échaudé craint l'eau froide"

Expression selon laquelle une personne très surprise par un objet est effrayée par un objet similaire.

Compréhension de la lecture Quiz

D'après l'histoire, on peut supposer que les tigres descendent là où vivent les gens pour trouver de la nourriture.

A. Vrai B. Faux

D'après l'histoire, le tigre avait déjà dîné.

A. Vrai B. Faux

Le bébé pleurait parce qu'il avait peur du tigre.

A. Vrai B. Faux

Quelle est la raison la plus probable pour laquelle le bébé a cessé de pleurer après qu'on lui a donné un kaki séché ? C'est ce que le bébé...

A. Aime B. Craint C. Déteste D. Ne connaît pas

D'après l'histoire, le tigre ne savait pas à quoi ressemblait un kaki séché.

A. Vrai B. Faux

Le voleur était venu pour voler un kaki séché, mais il a changé d'avis pour voler une vache à la place.

A. Vrai B. Faux

D'après l'histoire, on peut deviner que la maman a utilisé le kaki séché pour _____ le bébé.

A. Effrayer B. Calmer C. Gronder D. Comprendre

Réponse : A / B / B / A / A / F / B

금도끼, 은도끼
La hache d'or et la hache d'argent

옛날 한 작은 마을에 나무꾼이 살았습니다. 나무꾼은 가난했지만 착하고 정직했습니다. 나무꾼은 매일 열심히 일했습니다.

어느 날 나무꾼은 실수로 도끼를 연못에 빠뜨렸습니다.

슬프게도, 나무꾼에게는 도끼가 딱 하나밖에 없었습니다. 나무꾼은 절망해서 큰 소리로 슬프게 울었습니다.

그러자 연못에서 산신령이 나타났습니다. 그는 나무꾼에게 왜 그렇게 슬프게 우는지 물어보았습니다.

나무꾼은 산신령에게 모든 것을 설명했습니다. 산신령은 나무꾼을 불쌍하게 생각했습니다. 그래서 그를 도와주겠다고 하고 사라졌습니다.

산신령이 다시 나타났는데, 금도끼를 들고 있었습니다.

산신령은,

"이 금도끼가 네 도끼냐?" 하고 물었습니다.

Il était une fois un bûcheron qui vivait dans un petit village. Le bûcheron était pauvre, mais il avait bon cœur et était honnête. Le bûcheron travaillait dur tous les jours.

Un jour, le bûcheron laissa accidentellement tomber sa hache dans un étang.

Malheureusement, le bûcheron n'avait qu'une seule hache. Le bûcheron se mit à pleurer de désespoir.

Un esprit de la montagne surgit alors de l'étang et demanda au bûcheron pourquoi il pleurait si tristement.

Le bûcheron expliqua tout à l'esprit de la montagne. L'esprit de la montagne eut pitié du bûcheron, lui dit qu'il l'aiderait et disparut.

L'esprit de la montagne réapparut, et il tenait une hache en or. L'esprit de la montagne demanda :

"Cette hache en or est-elle à toi ?"

나무꾼은,

"그 도끼는 제 도끼가 아닙니다."
라고 답했습니다.

산신령은 다시 사라졌습니다.
산신령이 다시 나타났는데, 은도끼를 들고 있었습니다. 그리고 그는,

"이 은도끼가 네 도끼냐?" 하고 물었습니다.

나무꾼은 이번에도 아니라고 말하며 자신의 도끼는 낡은 쇠도끼라고 말했습니다.

그러자 산신령이 다시 사라졌다가, 이번에는 금도끼, 은도끼, 쇠도끼를 모두 들고 다시 나타났습니다.

그는 나무꾼의 정직함을 칭찬 하고, 도끼 모두를 나무꾼에서 선물했습니다.

나무꾼은 산신령에게 크게 감사해하며 집으로 돌아와 행복하게 살았습니다.

한편, 옆 마을의 욕심 많은 나무꾼이 이 소문을 들었습니다. 그는 일부러 연못에 도끼를 던졌습니다.

얼마 후 산신령이 나타나 금도끼와 은도끼를 각각 보여 주었습니다. 하지만 이 욕심 많은 나무꾼은 금도끼와 은도끼 모두 자신의 도끼라고 거짓말을 했습니다.

산신령은 화가 나서 모든 도끼를 가지고 사라졌습니다.

Le bûcheron répondit :

"La hache n'est pas à moi."

L'esprit de la montagne disparut à nouveau. L'esprit de la montagne réapparut, et il tenait une hache d'argent. Il demanda :

"Cette hache d'argent est-elle à toi ?"

Le bûcheron répondit par la négative et dit que sa hache était une vieille hache en fer.

L'esprit de la montagne disparut à nouveau et réapparut cette fois avec la hache d'or, la hache d'argent et la hache de fer. Il loua l'honnêteté du bûcheron et lui offrit toutes les haches.

Le bûcheron rentra chez lui et vécut heureux, très reconnaissant envers l'esprit de la montagne.

Entre-temps, un bûcheron avide du village voisin entendit cette rumeur. Il jeta délibérément sa hache dans l'étang.

Au bout d'un moment, un esprit de la montagne apparut et lui montra une hache en or et une hache en argent. Mais le bûcheron avide mentit en disant que les haches d'or et d'argent étaient les siennes.

L'esprit de la montagne se mit en colère et disparut avec toutes les haches.

Note culturelle

Les Coréens croient traditionnellement au chamanisme. Ils croient donc qu'il existe des êtres divins non seulement dans la nature, comme les montagnes et les mers, mais aussi dans des endroits tels que les cuisines et les toilettes. En observant les résultats complètement différents du bûcheron qui a fait preuve d'honnêteté envers l'esprit tout-puissant de la montagne et du bûcheron qui a menti, vous pouvez tirer la leçon suivante : vivre honnêtement apporte la bonne fortune, tandis que mentir fait le contraire.

Vocabulaire

정직하다 est honnête. 실수로 accidentellement/par accident. 도끼 une hache. 빠뜨리다 faire tomber/mettre. 산신령 un dieu/esprit de la montagne. 물어보다 demander. 설명하다 expliquer. 금 gold(en). 다시 again. 은 argent. 낡은 vieux/usé. 쇠 acier/métal. 칭찬하다 applaudir. 선물하다 to gift. 감사하다 to appreciate/thank. 욕심 la cupidité. 소문 une rumeur. 거짓말 un mensonge.

Proverbe

도둑질은 거짓말에서 시작된다.
Le vol commence par des mensonges.

Cela signifie que si vous prenez l'habitude de faire de petits mensonges, vous vous sentirez insensible à l'idée de commettre un crime plus grave.

Compréhension de la lecture Quiz

D'après l'histoire, le bûcheron était honnête parce qu'il était pauvre.

A. Vrai B. Faux

L'esprit de la montagne est apparu parce que...

A. Il était fâché que la hache ait pollué l'étang. B. Ce n'était pas une hache en or.
C. Il avait entendu le bûcheron pleurer. D. Il voulait faire fuir le bûcheron.

L'émotion la plus probable ressentie par l'esprit de la montagne lorsqu'il est apparu était d'être...

A. Curieux B. Contrarié C. Heureux D. Fatigué

L'émotion la plus probable de l'esprit de la montagne après avoir entendu l'histoire du bûcheron est...

A. La compassion B. La haine C. La colère D. La confusion

Le bûcheron dit que la hache d'or n'était pas la sienne parce qu'...

A. Il voulait les trois haches. B. Il était honnête.
C. Il était désolé pour l'esprit de la montagne. D. Il avait peur de l'esprit de la montagne.

L'esprit de la montagne donna les trois haches au bûcheron en raison de...

A. Sa diligence B. Son courage C. Son honnêteté D. Sa sagesse

L'émotion la plus probable du bûcheron cupide après que l'esprit de la montagne lui a pris sa hache était...

A. La joie B. Le regret C. L'harmonie D. L'affection

Réponse : B / C / A / A / B / C / B

토끼의 간과 자라
Le foie du lapin et le trionyx

옛날 옛적, 깊은 바닷속에 살던 용왕님이 심각한 병에 걸렸습니다.

신하들은 용왕님의 병을 고치기 위해 노력했지만, 효과가 없었습니다.

바닷속에서 가장 유명한 의원이 찾아와서 용왕님의 상태를 본 후 말했습니다.

"지상에 사는 토끼라는 동물의 간을 먹으면 나을 수 있습니다."

용왕님의 병을 고치기 위해 충신인 자라가 지상으로 떠났습니다.

토끼를 본 적이 없는 자라를 위해 바닷속 화가들이 토끼의 초상화를 그려 주었습니다.

지상에 도착한 자라는, 곧바로 토끼를 발견했습니다. 토끼를 바닷속 용궁으로 데리고 가기 위해서 자라는 꾀를 내었습니다.

"바닷속 용궁은 지상보다 훨씬 살기 좋아."

Il était une fois un roi dragon, qui, atteint d'une grave maladie, vivait dans les profondeurs de la mer.

Les serviteurs essayèrent de guérir le roi dragon, mais en vain.

Le médecin le plus célèbre de la mer arriva et après avoir vu l'état du roi dragon, dit :

"Vous pouvez guérir si vous mangez le foie d'un animal appelé lapin qui vit sur la terre ferme."

Pour guérir le roi dragon, un fidèle serviteur, le trionyx, partit pour la terre ferme.

Les peintres de la mer firent des portraits du lapin pour le trionyx, qui n'avait jamais vu de lapin.

En arrivant sur terre, le trionyx trouva immédiatement un lapin. Il essaya de tromper le lapin pour l'emmener au palais du dragon.

"C'est tellement mieux de vivre dans le palais du dragon dans la mer que sur la terre."

자라의 말에 속은 토끼는
자라의 등에 올라타
용궁으로 떠났습니다.

용궁 신하들은 토끼를 반갑게 맞았습니다.

토끼는 기분이 좋아 어깨를 으쓱였습니다.

하지만, 용궁에 들어서자마자 토끼는
용궁 병사들에게 붙잡혔습니다.

"내 병을 위하여, 너의 간을 바치거라."

토끼는 자라에게 속은 것을 깨달았습니다.
바로 그때, 좋은 생각이 났습니다.

"용왕님을 위해서라면 저의 간을 드리겠습니다.
하지만 저의 간은 귀하기 때문에 지상의 숲속에
숨겨놓았습니다. 이것을 가져올 수 있도록
해주십시오."

이 말을 믿은 용왕은 자라와 토끼를 지상으로
보냈습니다. 지상에 도착하자 토끼는
자라의 등에서 뛰어내리며 말했습니다.

"바보 같은 녀석! 너 때문에 내가
목숨을 잃을 뻔 했다!"

그리고는 저 멀리 숲 속으로 도망쳤습니다.

Le lapin, trompé par les paroles du trionyx,
grimpa sur le dos du trionyx et ils partirent pour
le palais du dragon.

Les fonctionnaires du palais du dragon
accueillirent le lapin.

Le lapin haussa les épaules de bonheur.

Cependant, à peine entré dans le palais, le lapin
fut attrapé par les soldats du palais du dragon.

"Pour ma maladie, offrez votre foie."

Le lapin comprit qu'il avait été trompé par le
trionyx. C'est alors qu'une bonne idée lui vint à
l'esprit.

"Si c'est pour le roi dragon, je donnerai mon foie.
Mais mon foie est précieux, alors je l'ai caché
dans une forêt sur la terre ferme. S'il vous plaît,
permettez-moi de vous l'apporter."

Croyant cela, le roi dragon renvoya le trionyx et
le lapin sur la terre. Le lapin, en arrivant sur le
sol, sauta du dos du trionyx et dit :

"Espèce d'imbécile ! Tu as failli me faire tuer !"

Puis il s'enfuit dans la forêt.

Note culturelle

Pour les Coréens, les lapins rapides ont la réputation d'être rusés et pleins d'astuces. Au contraire, ils considèrent les tortues comme lentes et maladroites. La morale de cette histoire est que, même si l'on se trouve dans une situation difficile, on peut la surmonter si l'on fait preuve de sagesse.

Vocabulaire

깊은 profond. 바닷속 sous la mer. 용왕님 le roi dragon. 심각한 sérieux. 병 une maladie. 걸리다 attraper. 신하 un sujet/vassal. 노력하다 faire des efforts. 효과 efficacité. 유명한 célèbre. 의원 un médecin. 상태 condition/état. 지상 en surface. 동물 un animal. 간 un foie. 충신 un serviteur loyal. 자라 un trionyx. 화가 un peintre. 초상화 un portrait. 곧바로 immédiatement. 속다 être trompé. 반갑게 avec plaisir. 기분 humeur/ sentiment. 어깨 une épaule. 으쓱이다 hausser les épaules. 병사 un soldat. 깨닫다 réaliser. 보내다 envoyer (au loin). 바보 un imbécile. 녀석 un espèce/oiseau. 목숨 la vie. 잃다 perdre. 도망치다 s'échapper/fuir.

Proverbe

제 꾀에 제가 넘어간다.
Celui qui met en place un stratagème tombe dans le panneau.
Se laisser piéger par sa propre ruse.

C'est une expression qui signifie qu'une tromperie excessive pour son propre bénéfice peut entraîner des pertes.

Compréhension de la lecture Quiz

D'après l'histoire, on peut supposer qu'il n'y a pas de lapins dans le palais du dragon.

A. Vrai B. Faux

Le trionyx ne savait pas à quoi ressemblait un lapin, mais les peintres de la mer le savaient.

A. Vrai B. Faux

D'après l'histoire, la peinture du lapin était exacte.

A. Vrai B. Faux

Quelle est la réaction la plus probable du trionyx en trouvant le lapin ?
A. La colère B. La faim C. La joie D. La confusion

Pourquoi le trionyx a-t-il dit au lapin que le palais du dragon était un meilleur endroit pour vivre ?

A. Pour qu'il se rende au palais du dragon.

B. Pour qu'il ait peur du palais du dragon.

C. Pour avertir le lapin du danger que représentait le palais du dragon.

D. Pour se lier d'amitié avec lui.

D'après l'histoire, le lapin a seulement fait semblant de croire ce que disait la tortue.

A. Vrai B. Faux

Quelle est l'émotion la plus probablement ressentie par le trionyx après la fuite du lapin ?

A. Soulagé B. Plein de regrets C. Fier D. Joyeux

Réponse : A / A / A / C / A / B / B

PISTE AUDIO #12

거울을 처음 본 사람들
Les gens qui virent un miroir pour la première fois

옛날에 시골에 사는 농부가 처음으로 한양에 가게 되었습니다.

Il était une fois un paysan qui vivait à la campagne et qui se rendait pour la première fois à Hanyang.

농부의 부인은 남편에게 빗을 사다 달라고 부탁했습니다.

La femme du fermier demanda à son mari de lui acheter un peigne.

남편은 빗의 모양을 물었습니다. 부인은 어두운 하늘에 있는 반달을 가리켰습니다.

Le mari s'enquit de la forme du peigne. La femme pointa du doigt la demi-lune dans le ciel noir.

남편은 반달을 쳐다보고 고개를 끄덕였습니다.

Le mari regarda la demi-lune et acquiesça.

한양에서 며칠을 보낸 남편은, 돌아오기 전날, 부인이 부탁한 빗을 사기 위해 시장에 갔습니다.

Le mari, qui passait quelques jours à Hanyang, se rendit au marché la veille de son retour pour acheter le peigne demandé par sa femme.

그런데 빗의 이름을 잊어버렸습니다.

Mais il avait oublié le nom du peigne.

그때, 달과 비슷한 모양이라는 부인의 말을 떠올렸습니다.

À ce moment-là, il se souvint que sa femme lui avait dit qu'il ressemblait à la lune.

그래서 하늘을 바라보았지만, 시간이 지나 달의 모양이 보름달이 되었습니다.

Il regarda donc le ciel, mais avec le temps, la forme de la lune s'était transformée en pleine lune.

그것을 본 남편은 가게주인에게
하늘의 달과 같은 모양의 물건을
달라고 했습니다.

집에 돌아온 남편은 부인에게
예쁘게 포장된 선물을 건네었습니다.
하지만 부인은 깜짝 놀랐습니다.

그 물건 안에는 부인과 옷을 똑같이 입은
젊은 여자가 있었기 때문입니다.

그것은 다름아닌 거울에 비친
자신의 모습이었습니다.

화가 난 부인은 들고 있던 것을
시어머니에게 주었습니다.

시어머니는 거울 속의 자신의 모습을 보고
되물었습니다.

"어디에 젊은 여자가 있느냐?"

Après l'avoir vue, le mari demanda au propriétaire du magasin quelque chose ressemblant à la lune dans le ciel.

De retour chez lui, le mari remit à sa femme un cadeau joliment emballé. Mais la femme fut surprise,

car il y avait dans l'objet une jeune femme habillée de la même façon qu'elle.

Ce n'était autre qu'elle-même dans un miroir.

La femme en colère donna cet objet dans ses mains à sa belle-mère.

La belle-mère se regarda dans le miroir et demanda :

"Où est la jeune femme ?"

Note culturelle

Les deux personnes se sont souvenues de la même chose de manière complètement différente à cause de la forme changeante de la lune. La morale de l'histoire est que les pensées des gens sont toutes différentes, et que leurs opinions ne sont donc pas toujours les mêmes que celles des autres.

Vocabulaire

부인 (formel) femme/dame. 빗 un peigne. 남편 un mari. 부탁 une faveur. 모양 une forme. 어두운 sombre. 반달 demi-lune. 가리키다 pointer du doigt. 며칠 jours. 시장 un marché. 이름 un nom. 비슷한 similaire. 보름달 la pleine lune. 가게 un magasin. 주인 un maître/propriétaire. 예쁘다 est jolie. 포장된 enveloppé. 똑같이 également/identiquement. 젊은 jeune. 여자 femelle/femme. 다름아닌 rien moins que. 비친 reflété. 시어머니 belle-mère.

Proverbe

아는 만큼 보인다.
On ne peut voir que ce que l'on sait.

Cela signifie qu'il faut développer la capacité à écouter les opinions des autres, au lieu de se fier uniquement à son propre point de vue.

Compréhension de la lecture Quiz

D'après l'histoire, le mari se rend souvent à Hanyang.

A. Vrai B. Faux

D'après l'histoire, la femme semble savoir à quoi ressemblent les peignes.

A. Vrai B. Faux

Le mari semble avoir oublié la forme de la lune que sa femme lui a montrée.

A. Vrai B. Faux

Le mari a acheté un miroir parce qu'il n'avait pas les moyens d'acheter le peigne que voulait sa femme.

A. Vrai B. Faux

Le mari semble avoir été conscient que le miroir était en fait un peigne.

A. Vrai B. Faux

D'après sa réaction, la femme savait que la femme dans le miroir était elle-même.

A. Vrai B. Faux

D'après sa réaction, la belle-mère savait que la femme dans le miroir était elle-même.

A. Vrai B. Faux

Réponse : B / A / A / B / B / B / B

젊어지는 샘물
L'eau de source qui rajeunit

옛날 한 노인 부부가 있었습니다.
부부는 자식이 없어서 매일 매일 힘들게 일해야 했습니다.

어느 날 할아버지가 산에서 돌아오는 길에, 파랑새 한 마리가 날아다니는 것을 보았습니다.

할아버지는 그 새를 잡으려다가 깊은 산 속까지 들어갔습니다.

그곳에는 신기하게도 샘이 하나 있었습니다.

마침 목이 말랐던 할아버지가 물을 세 번 마셨습니다.

그리고 샘에 비친 자신의 모습을 보니, 신혼 시절의 젊은 모습으로 바뀌어 있었습니다.

밤이 깊어져 할아버지는 집에 돌아갔습니다. 그런데 할머니의 눈에는 어느 젊은 총각이 오는 것처럼 보였습니다.

Il était une fois un couple de personnes âgées. Ce couple n'avait pas d'enfants et devait donc travailler dur tous les jours.

Un jour, en revenant de la montagne, le grand-père vit un oiseau bleu qui volait autour de lui.

Le grand-père s'enfonça dans la montagne pour essayer d'attraper l'oiseau.

Curieusement, il y avait une source à cet endroit.

Le grand-père, assoiffé, but trois gorgées d'eau. En se regardant dans le reflet de la source, il se transforma en jeune homme comme à l'époque de sa lune de miel.

À la tombée de la nuit, le grand-père rentra chez lui. Mais ce que la grand-mère vit ressemblait à un jeune célibataire qui arrivait.

할머니는 그 총각에게 혹시 할아버지를 보았냐고 물었습니다.

그러자 총각은 자신이 그 할아버지라고 대답했습니다. 그리고 산속에 있는 샘으로 할머니를 데리고 가서 물을 마시게 했습니다.

그러자 할머니도 새댁의 모습으로 바뀌었습니다. 둘 다 모두 신혼 시절의 모습으로 돌아가게 되었습니다.

옆집의 욕심쟁이 노인은 그 부부를 찾아가 비밀을 알게 되었습니다. 욕심쟁이 노인은 곧바로 그 샘이 있다는 산속으로 갔습니다.

그러나 욕심이 많은 노인은 물을 너무 많이 마셨습니다.

그리고 샘물에 비친 자신의 모습을 보니 갓난아기가 되어 있었습니다.

그는 샘물 옆에서 엉엉 울었지만, 그 소리는 아기의 울음소리에 불과했습니다.

La grand-mère demanda au célibataire s'il avait vu le grand-père.

Le célibataire répondit qu'il était le grand-père. Il emmena la grand-mère à la source de la montagne et lui fit boire de l'eau.

La grand-mère prit alors la forme d'une jeune mariée. Tous deux retournèrent à l'époque de leur lune de miel.

Le vieux voisin cupide rendit visite au couple et apprit le secret. Il se rendit immédiatement dans la montagne où se trouvait la source.

Mais le vieux voisin cupide but trop d'eau.

Et lorsqu'il se vit reflété dans l'eau de la source, il était redevenu bébé.

Il pleura bruyamment à côté de l'eau de la source, mais le son n'était qu'un cri de bébé.

Note culturelle

"L'eau de la fontaine de jouvence" est certainement étonnante, mais l'excès d'une bonne chose peut être mauvais, comme pour le vieil homme qui en but trop et se transforma en bébé. La morale de l'histoire est que, si on vit des conditions difficiles tout en étant satisfait de ce que l'on a, de bonnes opportunités se présenteront à l'avenir.

Vocabulaire

자식 une progéniture. 파랑새 un oiseau bleu. 할아버지 un grand-père.
신기하다 curieux/extraordinaire. 샘 un puits/une source. 마침 juste à temps.
목이 마르다 a soif. 마시다 de boire. 신혼 lune de miel.
시절 période (spécifique) de temps. 바뀌다 être changé. 총각 un célibataire.
혹시 par hasard. 새댁 une jeune mariée. 옆집 la maison voisine.
욕심쟁이 une personne avide/cupide. 비밀 un secret. 너무 trop.
갓난아기 un nouveau-né.

Proverbe

욕심이 사람 죽인다.
L'avidité tue les gens.

Cela signifie que, si on est avide, on ne peut pas faire de jugements rationnels et on peut même faire des choses dangereuses.

Compréhension de la lecture Quiz

D'après l'histoire, le vieux couple n'a pas eu d'enfants parce qu'il voulait travailler dur.

A. Vrai B. Faux

D'après l'histoire, le grand-père avait peur de l'oiseau bleu.

A. Vrai B. Faux

D'après l'histoire, il était étrange qu'il y ait une source au fond de la montagne.

A. Vrai B. Faux

Le grand-père était-il inquiet à l'idée de boire l'eau de la source ?

A. Oui B. Non

La grand-mère reconnut instantanément son mari lorsqu'il revint.

A. Vrai B. Faux

Comment le vieil homme cupide s'est probablement senti en entendant l'histoire ?

A. Jaloux B. Paisible C. Calme D. Détendu

Le vieil homme cupide a probablement pleuré parce que...

A. Il avait des regrets. B. Il était trop heureux. C. Il avait faim. D. Il voulait chanter.

Réponse : B / B / A / B / B / A / A

Télécharger des fichiers audio à partir de newampersand.com/nouvelle

PISTE AUDIO #14

금구슬을 버린 형제
Les frères qui renoncèrent aux perles d'or

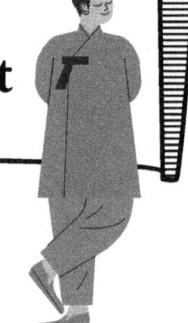

옛날 어느 마을에 사이좋은 형제가 살았습니다. 형제는 기쁠때나 슬플때에 상관 없이 언제나 함께했습니다.

Il était une fois, dans un village, des frères qui s'entendaient bien. Heureux ou tristes, ils étaient toujours ensemble.

어느 날, 형제는 강 건너 마을에 있는 잔치에 다녀왔습니다. 형제는 잔칫집에서 얻은 떡과 과일을 챙겨 집으로 돌아오고 있었습니다.

Un jour, les frères se rendirent à une fête dans le village de l'autre côté de la rivière. Les frères rentrèrent chez eux avec des gâteaux de riz et des fruits après la fête.

집으로 돌아오는 길에, 아우는 물속에서 무언가 반짝반짝 빛나는 것을 발견했습니다.

Sur le chemin du retour, le plus jeune frère trouva quelque chose qui brillait dans l'eau.

반짝반짝 빛나는 물건은 바로 금구슬이었습니다. 자세히 보니, 금구슬이 두 개나 반짝이고 있었습니다.

L'objet brillant était une perle d'or. En regardant de plus près, il s'aperçut qu'il y avait deux perles d'or qui brillaient.

형은 아우에게,

Le frère aîné dit à son frère :

"너는 최근에 결혼을 했으니 돈이 필요할 것이다. 그리고 이 금구슬은 네가 먼저 발견했으니 네가 가져가거라" 말했습니다.

"Tu viens de te marier, tu auras besoin d'argent. Tu as trouvé ces perles d'or en premier, alors prends-les".

하지만 아우는 형에게,

Mais le frère cadet dit au frère aîné :

"식구가 많은 형님이 금구슬을 가져가세요" 라고 말했습니다.

"Mon frère, tu as une grande famille, alors prends les perles d'or."

형제는 서로에게 금구슬을 양보했습니다. 결국, 그들은 금구슬을 하나씩 나눠 갖기로 했습니다.

하지만 배가 강 한가운데를 건너갈 때쯤,

'금구슬을 준다고 할 때, 다 가질 걸 그랬군' 하고 후회했습니다.

집으로 돌아온 형제는 서로의 금구슬을 계속 생각했습니다. 그리고 형제는 자신의 금구슬을 지키느라 농사일을 게을리했습니다.

그래서 곳간은 텅텅 비기 시작했고, 가족들은 힘들어했습니다. 그제야 형제는 자신들의 잘못을 깨닫고 반성하게 되었습니다.

형은 금구슬을 들고 아우를 찾아가 금구슬을 없애야겠다고 말했습니다.

아우 역시 금구슬을 없애는 게 좋을 것 같다고 말했습니다.

형과 아우는 금구슬을 들고 다시 강 한가운데로 갔습니다.

형제는 금구슬을 꺼내 힘껏 강물에 던져 버렸습니다. 금구슬은 풍덩 소리를 내며 강 속으로 사라졌습니다.

형제는 오래오래 사이좋게 살았습니다.

Les frères s'offrirent les perles d'or l'un à l'autre. Finalement, ils décidèrent de partager les perles d'or, chacun en prit une.

Mais lorsque le bateau traversa le milieu de la rivière, ils regrettèrent leur décision :

J'aurais dû tout prendre quand il me l'a proposé.

Le frère aîné et le frère cadet, rentrés chez eux, ne cessèrent de penser à la perle d'or de l'autre, et les frères négligèrent l'agriculture pour protéger leur perle d'or.

La grange commença à se vider et la famille connut des difficultés. Ce n'est qu'à ce moment-là que les frères se rendirent compte de leurs fautes et réfléchirent sur eux-mêmes.

Le frère aîné prit la perle d'or et rendit visite au frère cadet en lui disant qu'il devait se débarrasser des perles d'or.

Le frère cadet lui dit également qu'il valait mieux se débarrasser des perles d'or.

Le frère aîné et le frère cadet prirent les perles d'or et retournèrent au milieu de la rivière.

Ils saisirent les perles d'or et les jetèrent dans la rivière de toutes leurs forces. Les perles d'or firent un plouf et disparurent dans la rivière.

Les frères vécurent heureux ensemble pendant longtemps.

Note culturelle

Cette histoire est celle d'une famille ordinaire en Corée, qui est traditionnellement une société agricole. Les Coréens considéraient qu'il était vertueux de cultiver de manière loyale et de récolter les fruits d'efforts honnêtes. Les Coréens considéraient l'entraide comme la chose la plus importante. Ainsi, pendant la saison agricole, les villageois s'entraidaient à tour de rôle. Cette histoire vous permettra de découvrir l'importance de la fraternité, que l'argent ne peut pas acheter. Elle nous conseille également de nous méfier de notre avidité excessive pour la richesse.

Vocabulaire

사이좋은 s'entendre bien/amical avec. 형제 frères.
상관 없이 indépendamment. 언제나 chaque fois que. 아우 un frère cadet.
반짝반짝 scintillant/étincelant. 구슬 une perle. 최근에 récemment.
결혼 le mariage. 돈 l'argent. 필요하다 avoir besoin. 발견하다 découvrir.
식구 un membre de la famille. 서로에게 l'un à l'autre. 양보하다 céder.
하나씩 un par un. 농사일 les travaux agricoles. 게을리하다 se relâcher.
곳간 une réserve/un dépôt/un hangar. 텅텅 비다 être complètement vide.
힘들어하다 lutter. 반성하다 regretter/réfléchir sur soi-même.
힘껏 de toutes ses forces.

Proverbe

천석꾼에 천 가지 걱정 만석꾼에 만 가지 걱정
Un homme riche avec mille sacs de riz a mille soucis, et un homme riche avec dix mille sacs de riz a dix mille soucis.

Une expression métaphorique qui signifie que si l'on a beaucoup de biens,
on a beaucoup de soucis.

Compréhension de la lecture Quiz

D'après l'histoire, les frères ne s'entendaient pas.

A. Vrai B. Faux

Les frères avaient le même âge.

A. Vrai B. Faux

D'après l'histoire, les frères vivaient ensemble.

A. Vrai B. Faux

Pourquoi le jeune frère a-t-il pu voir les perles d'or ?

A. Parce qu'il était plus jeune. B. Parce qu'il savait nager.

C. Parce que les perles d'or brillaient. D. Parce que les perles d'or étaient précieuses.

Les frères ont renoncé aux perles d'or parce qu'elles…

A. Étaient précieuses. B. Étaient lourdes. C. Portaient malheur.
D. Étaient effrayantes.

Les frères s'appauvrissaient parce que...

A. Les perles d'or leur volaient leur argent. B. Ils croyaient que les perles d'or leur apporteraient la fortune. C. Ils ne travaillaient pas beaucoup, car ils se souciaient uniquement de protéger leur perle d'or. D. Les perles d'or étaient en fait des perles de métal.

D'après l'histoire, le roi dut se sentir _____ en entendant l'histoire.

A. Jaloux B. Furieux C. En colère D. Impressionné

Réponse : B / B / B / C / A / C / D

용왕님의 딸, 잉어 색시
La femme carpe – La fille du roi dragon

옛날 옛적, 강가에서 혼자 사는 어부가 큰 잉어를 잡았습니다. 그런데 잉어를 보자 갑자기 이런 생각이 들었습니다.

'이렇게 큰 잉어를 죽이면 분명히 벌을 받을 거야.'

그래서 집으로 돌아온 어부는 잉어를 죽이지 않고 항아리 안에 넣어 길렀습니다.

그런데, 하루는 밖에 나갔다 돌아오니 방에 밥상이 차려져 있었습니다.

'아니, 나 혼자 사는 집인데... 누가 밥상을 차려 놓았지?' 어부는 생각했습니다.

다음 날, 어부는 일하러 가는 척하다가 몰래 숨어서 집안을 들여다보았습니다.

항아리에서 잉어가 색시 모습으로 변해서 나오는 것을 보았습니다.

잉어 색시는 부엌에서 밥을 지었습니다. 그리고 다시 항아리로 들어가려고 했습니다.

Il était une fois un pêcheur vivant seul au bord d'une rivière qui attrapa une grosse carpe. Mais lorsqu'il vit la carpe, une pensée effrayante lui vint soudain à l'esprit.

Si je tue une si grosse carpe, je serai certainement puni par le ciel.

Le pêcheur rentra donc chez lui et ne tua pas la carpe, mais la mit dans un bocal et l'éleva.

Cependant, un jour, lorsqu'il revint de dehors, le dîner était préparé dans la pièce.

C'est bizarre. Je vis seul dans cette maison... Qui a préparé le dîner ? se dit le pêcheur.

Le lendemain, le pêcheur fit semblant d'aller travailler, mais il se cacha et regarda dans la maison.

Il vit la carpe dans un bocal se transformer en jeune fille et en sortir.

La jeune fille carpe cuisina dans la cuisine, puis elle essaya de retourner dans le bocal.

"색시! 잉어 색시!"
어부가 부르자 잉어 색시는 무척 놀라더니
이렇게 말했습니다.

"저는 용왕님의 딸이랍니다.
세상 구경을 하려고 나왔다가
잡혀버렸지요.
저를 살려주셔서 정말 감사해요"

"색시, 저는 혼자 사는 처지인데
저와 결혼해 주시오"
총각이 용기를 내어 말했습니다.

그러자 색시가 대답했습니다.

"하지만 조건이 있어요, 제가 목욕하는 것은
일 년 동안 절대 쳐다보지 말아 주세요."

"알겠소. 약속을 지키겠습니다."

그렇게 어부는 잉어 색시와 함께
살 게 되었습니다.

일 년이 다 되어가던 어느 날,
너무도 궁금했던 어부는 몰래
색시가 목욕하는 것을 훔쳐보았습니다.
그러자 색시는 곧 잉어로 변했습니다.

잉어가 말했습니다.

"일 년 동안 약속을 지켜주셨다면
저는 영원히 사람이 될 수 있었을 텐데…"

결국 어부는 눈물을 흘리며 잉어를
강에 놓아주었습니다.

"Voyons donc !" Lorsque le pêcheur
l'appela, la jeune fille fut très surprise et dit :

"Je suis la fille du Roi Dragon.
Je suis sortie pour voir le monde
et j'ai été attrapée par un pêcheur.
Merci de me laisser vivre."

"Je suis un célibataire qui vit seul. S'il te
plaît, épouse-moi",
dit le célibataire avec courage.

La jeune fille à la carpe répondit alors.

"Mais il y a une condition. S'il te plaît, ne
me regarde jamais prendre un bain
pendant un an."

"D'accord. Je tiendrai ma promesse."

C'est ainsi que le pêcheur finit par vivre avec
la jeune fille carpe.

Un jour, vers la fin de la première année, le
pêcheur, qui était si curieux, regarda
secrètement sa femme prendre un bain. La
femme se transforma alors en carpe.

La carpe lui dit :

"Si tu avais tenu ta promesse pendant un an,
j'aurais pu devenir humaine pour toujours..."

Finalement, le pêcheur versa des larmes et
relâcha la carpe dans la rivière.

Note culturelle

En raison de l'influence des croyances chamaniques traditionnelles, les Coréens considèrent les animaux tels que les tigres et les carpes comme mystiques. Parmi les légendes de la naissance des anciens rois en Corée, on trouve des histoires de carpes se transformant en humains ou d'enfants nés d'une grande courge. La triste histoire de la carpe mariée et du célibataire nous apprend l'importance de la loyauté.

Vocabulaire

혼자 seul/par soi-même. 어부 un pêcheur. 잉어 une carpe. 갑자기 soudainement. 이런 comme cela. 분명히 clairement/évidemment. 벌 punition. 항아리 un pot/jarre. 밥상 une table à manger. 누가 qui. 다음 suivant. 들여다보다 regarder/jeter un coup d'œil. 색시 une jeune fille/une dame. 나오다 sortir. 부엌 la cuisine. 무척 très/extrêmement. 이렇게 comme ça. 세상 monde. 구경 tourisme. 구경꾼 un spectateur. 용기 le courage. 조건 une condition/un terme. 목욕 bain. 년 année. 동안 pendant. 그렇게 tel que. 너무도 vraiment trop. 훔쳐보다 regarder secrètement. 영원히 éternellement. 눈물 larme.

Proverbe

달면 삼키고 쓰면 뱉는다.
Avaler ce qui a un goût sucré et recracher ce qui a un goût amer.

Il s'agit d'une personne qui ne fait quelque chose que si c'est bénéfique ou avantageux et qui ne tient pas ses promesses.

Compréhension de la lecture Quiz

D'après l'histoire, le pêcheur pensait que la carpe qu'il avait attrapée était extraordinaire.

A. Vrai B. Faux

Le pêcheur l'a mise dans un bocal pour...

A. La cuire. B. L'élever. C. La tuer. D. La vendre.

D'après l'histoire, nous pouvons supposer que _____ prépare habituellement le dîner.

A. Sa femme B. Lui-même C. Sa mère D. Son jeune frère

Selon l'histoire, la jeune fille à la carpe préparait le dîner pour le pêcheur parce qu'elle était...

A. Rancunière envers lui. B. Reconnaissante qui lui ait épargné la vie.

C. Censée transmettre un message important du palais du dragon.

D. En train d'apprendre à devenir humaine.

D'après l'histoire, nous savons que le roi dragon a plus d'une fille.

A. Oui B. Non

Le célibataire ne savait pas que la carpe était en fait la fille du roi dragon lorsqu'il l'a attrapée.

A. Vrai B. Faux

La femme carpe est redevenue une carpe parce que son mari...

A. Ne l'aimait pas de tout son cœur. B. N'était pas tout à fait honnête avec elle.

C. Ne croyait pas qu'elle était la fille du roi dragon.

D. N'a pas tenu sa promesse.

Réponse : A / B / B / B / B / A / D

PISTE AUDIO #16

 # 요술부채
L'éventail magique

하늘나라의 옥황상제는
빨간 부채와 파란 부채를 갖고 있었습니다.

어느 날, 옥황상제는 부채들을
인간들이 사는 지상으로 떨어뜨렸습니다.

숲을 지나가던 나무꾼이
그 부채들을 주웠습니다.
더위에 지쳐있던 나무꾼은
그늘에 앉아 부채질하기 시작했습니다.

나무꾼이 빨간 부채로 부채질을 하니,
코가 기다랗게 늘어났습니다.

깜짝 놀란 나무꾼은 서둘러 파란 부채로
부채질을 하기 시작했습니다.

그러자 신기하게도 코가 조금씩 줄어들어
원래의 모습이 되었습니다.

나무꾼은 마을 최고 부자의 집으로 향했습니다.
나무꾼은 부자에게 신기한 마법을
보여주겠다고 했습니다.

그리고 나무꾼은
부자의 얼굴에 빨간 부채로 부채질을 하기
시작했습니다. 부자의 코는 길게 늘어났습니다.
나무꾼은 곧바로 집으로 돌아왔습니다.

L'empereur de Jade au paradis avait un éventail rouge et un éventail bleu.

Un jour, l'Empereur de Jade laissa tomber ses éventails sur la terre où vivaient les humains.

Un bûcheron qui passait dans la forêt ramassa les éventails. Le bûcheron, fatigué de la chaleur, s'assit à l'ombre et commença à s'éventer.

Alors que le bûcheron se rafraîchissait avec l'éventail rouge, son nez s'allongea.

Surpris, le bûcheron s'empressa de s'aérer avec l'éventail bleu.

Étrangement, son nez diminua progressivement et reprit sa forme initiale.

Le bûcheron se rendit chez l'homme le plus riche du village. Le bûcheron dit qu'il allait montrer à l'homme riche une magie étrange.

Le bûcheron commença à éventer le visage de l'homme riche avec l'éventail rouge.
Le nez de l'homme riche s'allongea.
Le bûcheron rentra immédiatement chez lui.

코가 흉칙하게 길어진 부자는 충격을 받아 쓰러졌습니다. 유명한 의원들도 치료가 불가능하다며 포기했습니다.

부자는 자신의 병을 고쳐주는 사람에게 금화를 주겠다고 약속했습니다. 나무꾼은 그제야 파란 부채를 들고 다시 부자를 만났습니다.

"제가 병을 고쳐주면 정말로 금화를 받을 수 있지요?"

나무꾼의 질문에 부자는 그러겠다고 하였습니다. 나무꾼은 파란 부채로 부채질을 해주었습니다. 부자의 코는 다시 줄어들었고, 나무꾼은 금화를 받았습니다.

나무꾼은 어느 날, 자신의 코에 빨간 부채로 부채질을 하기 시작했습니다. 자신의 코가 얼마나 길어질지 궁금해졌기 때문입니다.

나무꾼의 코는 계속 커져서, 옥황상제님이 사는 하늘나라까지 닿았습니다. 나무꾼의 코에 걸려 넘어진 옥황상제님은 화가 났습니다. 옥황상제님은 나무꾼의 코를 기둥에 꽁꽁 묶어두었습니다.

기둥에 코가 묶인 나무꾼은 코가 아파지기 시작했습니다. 그래서 곧바로 파란 부채로 부채질을 하기 시작했습니다. 코가 줄어들며, 몸이 하늘로 떠오르기 시작했습니다.

이러한 상황을 모르는 옥황상제는 나무꾼을 용서하기로 하고, 코를 풀어주었습니다. 나무꾼은 땅으로 곤두박질쳐버렸습니다.

L'homme riche, dont le nez était horriblement long, s'effondra, en état de choc. Des médecins renommés abandonnèrent également, disant qu'il était impossible de le soigner.

L'homme riche promit de donner des pièces d'or à ceux qui pourraient guérir sa maladie. Ce n'est qu'à ce moment-là que le bûcheron rencontra à nouveau l'homme riche avec un éventail bleu.

"Si je soigne votre maladie, puis-je vraiment obtenir des pièces d'or ?

À la question du bûcheron, l'homme riche répondit par l'affirmative. Le bûcheron l'éventa avec l'éventail bleu. Le nez du riche homme rétrécit à nouveau et le bûcheron reçut des pièces d'or.

Un jour, le bûcheron, qui s'ennuyait après avoir joué tous les jours, commença à s'éventer le nez avec l'éventail rouge parce qu'il se demandait quelle longueur son nez pouvait atteindre.

Le nez du bûcheron continua à grandir et atteignit le ciel où vivait l'Empereur de Jade. L'empereur de Jade, qui trébucha sur le nez du bûcheron, se mit en colère. L'empereur de Jade attacha le nez du bûcheron à un pilier.

Le bûcheron, dont le nez était attaché à un pilier, commença à avoir mal au nez. Il se mit donc immédiatement à s'éventer avec l'éventail bleu. Cependant, son nez attaché au pilier diminua et son corps commença à s'élever dans le ciel.

L'Empereur de Jade, qui ne connaissait pas cette situation, décida de pardonner au bûcheron et libéra son nez attaché à un pilier. Le bûcheron plongea vers le sol.

Note culturelle

Dans l'idéologie coréenne traditionnelle, un être omnipotent au paradis dirige le monde des hommes. L'Empereur de Jade est l'un d'entre eux. Cette histoire a pour but d'encourager le bien tout en punissant le mal et nous enseigne que l'on finit par être puni si l'on est excessivement gourmand.

Vocabulaire

하늘나라 royaume du ciel. 옥황상제 l'Empereur de Jade. 빨간 rouge. 파란 bleu. 부채 un éventail. 더위 la chaleur. 그늘 l'ombre. 부채질 l'action d'éventer. 기다랗다 est long. 늘어나다 s'étendre. 조금씩 petit à petit. 줄어들다 de rétrécir. 원래 à l'origine. 최고 le meilleur. 마법 la magie. 얼굴 le visage. 흉칙하게 horriblement/hideusement. 충격 un choc. 불가능하다 est impossible. 금화 (a) pièce d'or. 약속하다 promettre. 정말로 vraiment/truly. 질문 une question. 닿다 atteindre. 걸려 넘어지다 de trébucher et de tomber. 기둥 un pilier. 묶어두다 pour attacher. 상황 une situation. 용서하다 pardonner. 풀어주다 libérer/laisser aller. 곤두박질치다 to plummet.

Proverbe

욕심은 끝이 없고 불평은 한이 없다
La cupidité ne s'arrête jamais. Les plaintes ne connaissent aucune limite.

Les gens devraient apprendre à se satisfaire de ce qu'ils ont, sinon ils ne seront jamais heureux.

Compréhension de la lecture Quiz

D'après l'histoire, l'empereur de Jade préfère l'éventail rouge à l'éventail bleu.

A. Vrai B. Faux

D'après l'histoire, lorsque le bûcheron a trouvé les éventails, il savait déjà ce qui allait arriver en les utilisant.

A. Vrai B. Faux

D'après la réaction du bûcheron, on peut supposer qu'il avait toujours voulu avoir un nez plus long.

A. Vrai B. Faux

Le bûcheron s'est rendu chez l'homme riche pour vendre les éventails.

A. Vrai B. Faux

Lorsqu'il s'est rendu chez l'homme riche, le bûcheron savait ce qui se passerait en utilisant les éventails.

A. Vrai B. Faux

D'après l'histoire, on peut supposer que l'empereur de Jade n'avait pas l'intention d'ôter la vie au bûcheron.

A. Vrai B. Faux

Réponse : B / B / B / B / A / A

깨진 유리그릇
Le bol de verre brisé

옛날 옛적, 어느 마을에
부자 노인이 살고 있었습니다.

노인은 빛깔이 곱고 아름다운 유리그릇이
두 개 있었습니다.

노인은 이 유리그릇들을 마치 자식처럼 여기며
매일 정성스럽게 닦았습니다.

어느 날, 노인이 집을 비운 사이
하녀가 방을 청소하기 시작했습니다.
하지만 하녀는 실수로
노인이 아끼던 유리그릇 하나를 깨뜨렸습니다.

하녀는 겁에 질렸습니다.
하녀는 소리 내어 울기 시작했습니다.
얼마 후, 하녀의 울음소리를 듣고
노인의 아내가 들어왔습니다.

하녀는 바닥에 엎드려서 용서를 빌었습니다.
아내 역시, 노인이 아끼던 유리그릇이 깨진 것을
보고 깜짝 놀랐습니다. 하지만 마음씨 착한
아내는 하녀를 달래주었습니다.

날이 어두워지자 노인이 집으로 돌아왔습니다.
그리고 유리그릇이 하나밖에 없는 것을
발견했습니다. 아내가 노인에게 말했습니다.

Il était une fois, dans un village, un vieil homme riche.

Le vieil homme possédait deux magnifiques bols en verre aux couleurs éclatantes.

Le vieil homme traitait ces bols comme s'il s'agissait d'enfants et les polissait soigneusement chaque jour.

Un jour, alors que le vieil homme était absent, la servante commença à nettoyer la chambre. Cependant, elle brisa accidentellement un bol en verre que le vieil homme aimait beaucoup.

La servante fut prise de peur. Elle se mit à pleurer à chaudes larmes. Un peu plus tard, la femme du vieil homme entra après avoir entendu les pleurs de la servante.

La servante se jeta au sol et implora pardon. La femme fut également surprise de voir le bol de verre brisé auquel le vieil homme tenait. Cependant, la femme au grand cœur apaisa la servante.

À la tombée de la nuit, le vieil homme rentra chez lui et constata qu'il n'y avait plus qu'un seul bol en verre. La femme dit au vieil homme :

"제가 잘못해서 깨뜨렸습니다. 용서해주세요."

노인은 무섭게 화를 냈습니다.
그때 하녀가 무릎을 꿇고 빌기 시작했습니다.
사실은 자신이 그랬다고 고백했습니다.

하지만 노인은 절대로 용서할 수 없다며 소리쳤습니다.

바로 그때, 하녀가 일어났습니다.
그리고, 나머지 하나 남은 유리그릇을 깨뜨렸습니다. 노인은 머리끝까지 화가 나서는 하녀를 무섭게 노려보았습니다.
하녀는 흐느끼며 말했습니다.

"저는 이미 죽은 것과 같습니다.
하지만 다른 사람이 남은 유리그릇을 깨뜨리고 죽게 될까 봐 미리 그것을 깨뜨린 것입니다."
하녀의 말에 노인은 놀랐습니다.

조용히 듣고 있던 아내가 말했습니다.

"여보, 유리그릇을 깨뜨린 것은 잘못이지만 어찌 유리 그릇이 사람 목숨보다 귀하겠습니까?"

노인은 한참 동안 말이 없었습니다.
얼마 후, 노인은 미소를 지으며 말했습니다.

"당신이 맞는 말을 했소.
다시는 이런 일로 화를 내지 않겠소."

그 후로 노인은 유리그릇들을 소중하게 여기지 않았습니다. 아무리 멋진 유리그릇이라도 사람보다 귀하지 않다는 것을 마음 깊이 깨달았기 때문입니다.

"Je l'ai cassé par erreur. Pardonne-moi, s'il te plaît."

Le vieil homme se mit dans une colère noire. À ce moment-là, la femme de chambre se mit à genoux et commença à supplier. Elle avoua que c'était elle qui avait cassé le bol.

Mais le vieillard cria qu'il ne lui pardonnerait jamais.

À ce moment-là, la servante se leva et cassa l'autre bol en verre. Le vieil homme se mit terriblement en colère et fixa la servante d'un regard féroce. La servante sanglota et dit :

"Je suis déjà comme morte.
Mais j'ai cassé l'autre à l'avance parce que j'avais peur que quelqu'un d'autre le brise et meure."
Le vieil homme fut surpris par les paroles de la servante.

La femme, qui écoutait tranquillement, dit :

"Chéri, c'est mal de casser un bol en verre, mais comment un bol en verre peut-il être plus précieux qu'une vie humaine ?"

Le vieil homme resta longtemps silencieux. Au bout d'un moment, il sourit et affirma :

"Vous avez dit ce qu'il fallait. Je ne me mettrai plus jamais en colère pour ce genre de choses."

Depuis lors, le vieil homme n'accorda plus de valeur aux bols en verre, car il s'était réellement rendu compte que, quelle que soit la beauté d'un bol en verre, cela ne pouvait jamais être plus précieux qu'une personne.

Note culturelle

Dans la Corée traditionnelle, une société paternelle, les chefs de famille avaient le pouvoir absolu de prendre toutes les décisions. C'est pourquoi le fait de casser un bol en verre préféré pouvait valoir une grosse punition. Dans cette histoire, on comprend l'importance de prioriser la dignité humaine plutôt que les choses matérielles. On y découvre également la sagesse de la femme, sauvant la servante et éclairant son mari, même dans les situations difficiles.

Vocabulaire

빛깔 couleur/teinte. 곱다 beau/fin/amoureux. 아름답다 est belle. 유리 verre. 그릇 bol/plat. 마치 comme si. 여기다 regarder/considérer. 정성스럽게 soigneusement. 사이 pendant. 하녀 une servante. 청소하다 nettoyer. 아끼다 chérir. 겁에 질리다 être effrayé/horrifié. 바닥 le fond/le plancher. 엎드리다 se prosterner. 마음씨 esprit/cœur. 어두워지다 s'assombrir. 하나밖에 rien qu'un/un seul. 사실은 en fait/actuellement. 무릎 genou. 고백하다 avouer. 나머지 reste. 머리끝까지 jusqu'au sommet de la tête. 노려보다 regarder fixement, fixer, regarder avec colère. 다른 사람 quelqu'un d'autre. 조용히 tranquillement. 한참 동안 pendant un long moment. 미소 un sourire. 아무리 quelle que (beautiful).

Proverbe

말 한마디로 천냥 빚 갚는다.
On rembourse même une dette de mille nyang
(ancienne unité monétaire de la Corée) par un mot

Il est important de bien parler, et en le faisant,
on peut résoudre des problèmes difficiles ou apparemment impossibles.

Compréhension de la lecture Quiz

D'après l'histoire, le vieil homme avait plus de deux bols en verre.

A. Vrai B. Faux

La femme de chambre a eu peur, car elle n'était pas censée nettoyer la chambre du vieil homme.

A. Vrai B. Faux

La femme a été surprise, car...

A. Le bol en verre avait disparu. B. Le bol en verre était cassé.

C. Le bol en verre était d'une couleur différente. D. Le bol en verre était lourd.

Quelle a été l'émotion la plus probable du vieil homme lorsqu'il est rentré chez lui ?

A. Effrayé B. Paisible C. Épuisé D. Désespéré

Le vieil homme s'est mis en colère parce qu'il a découvert que...

A. La femme de ménage avait nettoyé sa chambre. B. Sa femme lui avait menti.

C. Le bol en verre était cassé. D. La femme de ménage avait réellement volé le bol en verre.

La femme de chambre a cassé l'autre bol en verre pour...

A. Faire comprendre que la vie est plus importante qu'un bol en verre. B. Montrer sa colère.

C. Prouver son innocence. D. Prouver l'innocence de la femme.

D'après l'histoire, nous pouvons supposer que le vieil homme a arrêté de chérir les bols en verre parce que...

A. Il ne pouvait plus se les offrir. B. Il les trouvait fragiles.
C. Il a compris que la vie est plus précieuse.
D. Il s'aimait plus que tout.

Réponse : B / B / B / A / C / A / C

참외와 황소
La poire et le bœuf

옛날 어느 마을에 한 농부가 있었습니다. 농부는 가난했지만 부지런하고 인정도 많았습니다. 농부는 정성껏 참외 농사를 지었습니다. 여름이 되자, 노란 참외가 탐스럽게 열렸습니다.

농부는 잘 키운 참외를 마을 사람들에게 골고루 나누어 주었습니다.

그런데 그 중에서 유난히 크고 탐스러운 참외를 발견했습니다. 농부는 이 귀한 참외를 원님에게 가져가기로 했습니다. 이 마을의 원님은 어질고 지혜로웠기 때문입니다.

원님은 참외를 받고 크게 기뻐했습니다.

"이렇게 귀한 선물은 처음이구나. 여봐라! 요즘 들어온 것 중에 가장 귀한 것이 무엇이냐?"

원님이 이방에게 물었고 이방은 황소 한 마리가 있다고 말했습니다. 원님은 그 황소를 농부에게 상으로 주었습니다.

착한 농부는 참외 하나로 황소를 얻을 수 있었습니다. 착한 농부가 상을 받았다는 이야기는 금방 널리 퍼졌습니다.

Il était une fois un fermier dans un village. Le fermier était pauvre, mais il était diligent et très compatissant. Le fermier cultivait soigneusement des poires. À l'arrivée de l'été, de nombreuses poires jaunes apparurent.

Le fermier distribua les poires bien mûrs aux villageois.

Mais parmi elles, il trouva une poire exceptionnellement grosse qui semblait délicieuse. Le fermier décida d'apporter cette précieuse poire au magistrat, car le magistrat de ce village était bienveillant et sage.

Le magistrat fut très heureux de recevoir la poire.

"Je n'ai jamais vu un cadeau aussi précieux. Hé ! Quelle est la chose la plus précieuse que nous avons reçue ces jours-ci ?"

Le magistrat posa cette question à un fonctionnaire du gouvernement, qui répondit qu'il avait reçu un bœuf. Le magistrat donna le bœuf en récompense au fermier.

Le bon fermier obtint ainsi un bœuf contre une seule poire. L'histoire selon laquelle un gentil fermier avait reçu une récompense se répandit rapidement.

같은 마을에 사는 욕심쟁이는
이 소문을 듣고 온종일 배가 아팠습니다.
그리고, 자신도 똑같이 따라 하려고
마음먹었습니다.

하지만 이미 착한 농부가 가져갔던 참외를
또 가져갈 수는 없었습니다. 욕심쟁이는
당장 외양간으로 달려갔습니다.
외양간에서 병든 황소를 끌고
원님 앞으로 몰고 갔습니다.

"제가 평생 소를 키웠지만 이렇게 크고 튼튼한
황소는 처음입니다. 받아주십시오."

원님은 황소를 보고 욕심쟁이의 속내를
눈치챘습니다. 지혜로운 원님은 이방을
불렀습니다.

"여봐라, 요즘 들어온 것 중에
가장 귀한 것이 무엇이냐?"

욕심쟁이는 무슨 귀한 선물을 받을까
궁금했습니다. 황금? 보석? 하지만
이방의 대답을 듣고 깜짝 놀랐습니다.

"얼마 전에 들어온 크고 귀한 참외가 있습니다."
"잘됐구나. 그 참외를 이 사람에게
상으로 주어라."

집으로 돌아온 욕심쟁이는
울음을 터뜨렸습니다.

욕심쟁이는 괜한 욕심으로 황소를
참외와 맞바꾸게 되었답니다.

Un homme cupide qui vivait dans le même village fut malade de jalousie toute la journée après avoir entendu cette histoire. Et. il décida de suivre la même voie.

Mais il ne pouvait pas apporter une autre poire puisque le gentil fermier en avait déjà apporté une. L'homme cupide eut alors une bonne idée. Il courut immédiatement à l'étable. Il en tira un vieux bœuf malade et le traîna devant le magistrat.

"J'ai élevé des vaches toute ma vie, mais je n'ai jamais eu un bœuf aussi grand et fort. Acceptez-le, s'il vous plaît."

Lorsque le magistrat vit le bœuf, il remarqua les motivations profondes de l'homme cupide. Le sage magistrat appela le fonctionnaire du gouvernement.

"Hé!, quelle est la chose la plus précieuse qu'on nous a apportée ces jours-ci ?"

L'homme cupide était curieux de savoir quel cadeau précieux il allait recevoir. De l'or ? Des bijoux ? Mais il fut surpris d'entendre la réponse du fonctionnaire.

"Il y a une grosse poire magnifique qui est arrivée il n'y a pas longtemps."
"C'est très bien. Donnez la poire à cette personne comme récompense."

De retour chez lui, l'homme cupide éclata en sanglots.

Il avait échangé son bœuf contre une poire à cause de sa cupidité inutile.

Note culturelle

La morale de l'histoire est que, si on vit de bonne manière, les bénédictions se produiront, et si on est avide, on connaîtra des malheurs. En outre, le message est qu'il faut partager avec ses voisins, ce qui est une valeur essentielle dans la société coréenne traditionnellement agricole. Elle permet aussi de tirer une leçon selon laquelle les comportements prétentieux seront un jour révélés. On peut également avoir un aperçu de la sagesse du sage magistrat qui sait distinguer les personnes humbles des personnes cupides.

Vocabulaire

부지런하다 est diligent. 인정 많다 est compatissant. 참외 la poire.
농사를 짓다 de cultiver. 여름 l'été. 노란 jaune.
탐스럽게 délicieusement/attractivement. 열리다 mûrir/ouvrir.
골고루 de manière égale. 그중에서 parmi eux. 유난히 particulièrement.
원님 un magistrat. 어질다 est bienveillant. 지혜롭다 est sage.
여봐라 Hé!. 요즘 de nos jours. 이방 un fonctionnaire du gouvernement.
황소 un bœuf. 상 une récompense. 얻다 gagner/obtenir.
금방 bientôt, rapidement. 널리 largement. 퍼지다 se répandre.
온종일 toute la journée. 배가 아프다 (lit) a mal à l'estomac = est jaloux.
마음먹다 décider. 병든 malade. 튼튼한 solide/fort.
아주다 accepter (pour quelqu'un). 속내 motif intérieur. 괜한 inutile.
맞바꾸다 commerce/échange.

Proverbe

오르지 못할 나무는 쳐다보지도 마라.
Ne regarde pas l'arbre sur lequel tu ne peux pas grimper.

Cela signifie qu'il est préférable de ne pas penser à quelque chose qui dépasse nos capacités.

Compréhension de la lecture Quiz

D'après l'histoire, le fermier était pauvre parce qu'il était compatissant.

A. Vrai B. Faux

D'après l'histoire, on peut deviner que les poires mûrissent pendant la saison estivale.

A. Vrai B. Faux

Le fermier a partagé les poires avec les villageois parce que...

A. Les poires allaient pourrir. B. Les poires n'avaient pas de valeur.

C. Le fermier ne connaissait pas la valeur des poires. D. Le fermier avait bon cœur.

Le magistrat a donné un bœuf au fermier en guise de...

A. Punition B. Offrande de paix C. Devoir D. Récompense

D'après l'histoire, nous pouvons supposer que l'homme cupide croyait que le magistrat ne découvrirait pas que ce n'était pas un bon bœuf.

A. Vrai B. Faux

L'homme cupide ne s'attendait pas à recevoir quelque chose de précieux de la part du magistrat.

A. Vrai B. Faux

D'après l'histoire, l'homme cupide pensait qu'une bonne poire avait plus de valeur qu'un bœuf malade.

A. Vrai B. Faux

Réponse : B / A / D / D / A / B / B

Télécharger des fichiers audio à partir de newampersand.com/nouvelle
PISTE AUDIO #19

사이좋은 형제와 신비한 볏단
Les bons frères et les mystérieuses gerbes de riz

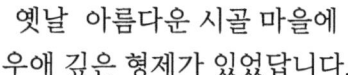

옛날 아름다운 시골 마을에
우애 깊은 형제가 있었답니다.

Il était une fois, dans un beau village rural, des frères qui étaient très proches l'un de l'autre.

형제는 서로를 도우며
열심히 일했습니다.

Ils se sont entraidés et ont travaillé dur.

가을이 되자 많은 곡식을 수확했습니다.
형제는 곡식을 사이좋게 똑같이 나누었습니다.

En automne, une grande quantité de céréales fut récoltée. Les frères se partagèrent le grain équitablement.

그날 밤, 집으로 돌아간 형은
곰곰이 생각 했습니다.

Un soir, le frère aîné, qui était rentré chez lui, réfléchissait.

'아우는 최근에 장가를 갔으니
필요한 게 많을 거야.
볏단을 좀 나누어 주어야지'

Mon jeune frère s'est marié récemment, il aura donc besoin de beaucoup de choses. Je vais lui laisser quelques gerbes de riz.

밤에 몰래 집을 나온 형은
아우 집의 곳간에 볏단을 올려놓고
기분 좋게 돌아왔습니다.

Le frère aîné, qui s'était secrètement éclipsé de la maison la nuit, revint joyeusement après avoir laissé les gerbes de riz dans la grange de la maison de son frère.

그런데 아우도 마찬가지로
이런저런 생각을 하고 있었습니다.

Mais le jeune frère pensait aussi à beaucoup de choses.

'형님은 식구도 많고
부모님 제사도 모셔야 하니
볏단이 많이 필요할 거야'

Mon frère aîné a une grande famille, et il doit organiser des rites ancestraux pour nos parents, il aura donc besoin de beaucoup de gerbes de riz.

그리고는 아우는
자기의 곳간에서
볏단을 가져와 형 집의 곳간에 몰래 놓고
흐뭇해했습니다.

다음 날 아침에 일어난 형제는 놀랐습니다.
자기 집 곳간의 볏단이
그대로였기 때문입니다.

형제는 이상하다고 생각했지만,
서로에게 이야기할 수가 없었습니다.
만약 서로가 이 사실을 알면
받지 않을 것이 뻔했기 때문이었습니다.

밤이 되자 형제는 다시 지난밤처럼
볏단을 옮겨 놓았습니다. 그러나 아침이 되면
볏단은 여전히 그대로였습니다.

'오늘은 일찍 가서
남은 볏단을 세어봐야지'

다음 날 저녁,
다시 볏단을 지고 아우 집으로 갔습니다.

그런데 저 멀리 희미한 달빛 속에서
누군가 볏단을 지고 오는 것을 보았습니다.

그림자가 점점 가까워졌을 때
형은 그 사람이 아우라는 것을 알았습니다.
동생도 달빛에 비친 사람이
형이라는 것을
알게 되었습니다.

서로를 생각하며
자신의 것을 나누어 주려던 형제는
서로를 보며 웃었답니다.

Alors le jeune frère prit les gerbes de riz de sa grange et les plaça secrètement dans la grange de la maison de son frère et se réjouit.

Les frères qui se réveillèrent le lendemain matin furent surpris parce que la quantité de gerbes de riz dans leur grange respective étaient restées les mêmes.

Le frère aîné et le frère cadet trouvaient cela étrange, mais ils ne pouvaient pas en parler parce qu'il était évident qu'ils ne l'auraient pas accepté s'ils l'avaient su.

Le soir, les frères déplacèrent à nouveau les gerbes de riz comme la veille. Mais le matin, les gerbes de riz étaient toujours les mêmes.

Je vais me lever tôt et compter les gerbes de riz qui me restent.

Le soir suivant, le frère aîné apporta encore une fois les gerbes de riz à la maison de son frère.

Mais au clair de lune, au loin, il vit quelqu'un porter une gerbe de riz.

Comme l'ombre se rapprochait de plus en plus, le frère aîné sut qu'il s'agissait de son jeune frère. Le jeune frère comprit également que la personne qui se reflétait dans la lumière de la lune était son frère aîné.

Les frères, qui essayaient de donner ce qu'ils avaient en pensant l'un à l'autre, se sourirent.

Note culturelle

Dans les contes traditionnels coréens, le frère aîné est souvent dépeint comme un personnage riche mais trop avide. Cela s'explique par le fait que le fils aîné hérite de tout l'héritage de ses parents, conformément au confucianisme coréen. Mais dans cette histoire, les frères montrent qu'ils se soucient l'un de l'autre et qu'ils s'aiment. La morale de l'histoire est que la famille est plus précieuse que la richesse et que, si on aide les autres, la chance nous sourit.

Vocabulaire

우애 깊은 avec un profond amour fraternel. 돕다 pour aider. 곡식 grain. 수확하다 récolter. 곰곰이 soigneusement/délibérément/complètement. 장가 mariage (pour un homme). Le contraire est 시집, marriage (pour une femme). 볏단 une gerbe de riz. 좀 un peu. 이런저런 ceci et cela. 제사 rite ancestral. 모시다 servir/soutenir. 많이 beaucoup/abondamment. 흐뭇해하다 se sentir heureux. 아침 matin. 그대로 comme ça. 이상하다 est étrange. 뻔하다 évident/prévisible. 여전히 encore/toujours. 일찍 tôt. 남은 reste. 희미한 faible/vague. 달빛 clair de lune. 점점 progressivement. 가까워지다 se rapprocher.

Proverbe

윗물이 맑아야 아랫물도 맑다.
L'eau du ruisseau inférieur n'est propre que si l'eau du ruisseau supérieur est propre.

L'aîné (supérieur) doit être bon pour que le cadet (junior)
puisse suivre son exemple et être bon.

Compréhension de la lecture Quiz

D'après l'histoire, les frères étaient jaloux l'un de l'autre.

A. Vrai B. Faux

Les frères gagnaient leur vie en vendant des fruits sur un marché.

A. Vrai B. Faux

Lequel des frères s'était récemment marié ?

A. Le frère cadet B. Le frère aîné C. Aucun d'entre eux

Le frère cadet était heureux d'avoir plus de gerbes de riz que son frère aîné.

A. Vrai B. Faux

Les frères furent surpris lorsqu'ils se réveillèrent le matin parce que les quantités de gerbes de riz étaient...

A. Disparues. B. Pourries C. En feu. D. Identiques.

Les frères pensèrent d'abord que leurs femmes étaient coupables.

A. Vrai B. Faux

Quelle fut la réaction la plus probable des frères lorsqu'ils découvrirent que c'étaient eux qui avaient déplacé les gerbes de riz ?

A. La colère B. La confusion C. La gratitude D. Le doute

Réponse : B / B / A / B / D / B / C

Télécharger des fichiers audio à partir de newampersand.com/nouvelle

PISTE AUDIO #20

나무 그늘을 산 소년
Le garçon qui acheta l'ombre d'un arbre

옛날 어느 마을에
욕심쟁이 부자 노인이 살았습니다.

Il était une fois, dans un village, un vieil homme riche et avide.

욕심쟁이 부자 노인의 집 앞에는
커다란 느티나무가 한 그루 있었습니다.

Il y avait un grand arbre zelkova devant la maison du riche vieillard.

더운 여름날이면 부자 노인은 시원한 느티나무
아래에서 낮잠을 자곤 했습니다.

Pendant les chaudes journées d'été, le riche vieillard avait l'habitude de faire une sieste sous le frais arbre zelkova.

그런데 어느 날, 소년이 옆에 와서 앉는 바람에
부자 노인이 잠에서 깨어났습니다.

Mais un jour, le vieil homme riche se réveilla parce qu'un garçon vint s'asseoir à côté de lui.

"이놈! 내 그늘에 왜 마음대로 앉느냐?
당장 꺼져라!"

"Ce morveux! Pourquoi es-tu assis dans mon ombre ? Va-t'en tout de suite !"

소년은 깜짝 놀라서 물었어요.

Le garçon fut surpris et demanda :

"어떻게 이 나무 그늘이 영감네 것입니까?"
"이 나무는 우리 할아버지가 심으셨다.
그러니 내 것이지, 아니면 누구 거란 말이냐?"

"En quoi l'ombre de cet arbre vous appartient-elle ?" "Cet arbre a été planté par mon grand-père. Il est donc à moi, ou à qui appartient-il ?"

소년은 어안이 벙벙했습니다.
소년은 못된 노인을 골려 주고 싶어졌습니다.

Le garçon était abasourdi. Le garçon voulait taquiner le méchant vieil homme.

"아이고, 영감! 용서하세요. 제가 잘 몰랐습니다.
그런데 저도 그늘이 필요하니
이 나무 그늘을 저에게 파시겠어요?"

"Oh, mon Dieu ! Monsieur ! Pardonnez-moi. Je ne le savais pas. Mais moi aussi, j'ai besoin d'ombre. Voulez-vous me vendre l'ombre de cet arbre ?"

욕심 많은 부자 노인은 귀가 솔깃했습니다.

Le vieil homme riche et cupide fut tenté d'écouter.

"좋아, 그러나 나중에 되돌려 달라고 하면 안되네!"
"예, 걱정하지 마십시오. 얼마면 되겠습니까?"
"흠, 닷 냥은 받아야겠네."

소년에게 닷 냥은 아주 큰 돈이었습니다. 하지만 소년은 이내 돈을 마련해 돌아왔습니다.

시간이 지나고 해가 지기 시작했습니다. 그러자 나무 그림자가 서서히 부자 노인의 집 마당으로 길게 펼쳐지기 시작했습니다.

소년은 냉큼 일어나서 나무 그늘을 따라, 부자 노인 집 마당으로 자리를 옮겼습니다.

해가 더 지자, 나무 그늘은 안방까지 닿았습니다. 소년은 안방에 들어가 드러누웠습니다.

"이야! 그늘이 참 시원하구나!"
"이놈이 이젠 내 집 안방까지 올라오네. 어서 썩 꺼지거라!"
"영감, 저는 제가 돈을 주고 산 나무의 그늘을 따라왔을 뿐입니다."

부자 노인은 할 말이 없었습니다. 그 뒤로도 소년은 부자 노인 집을 제집 드나들 듯했습니다.

마을 사람들도 초대해서 그늘에 함께 앉았습니다.

결국 부자 노인은 집을 버리고 멀리 떠났습니다. 소년은 그 집에서 사람들이 맘 놓고 쉴 수 있게 했습니다.

"D'accord, mais tu ne peux pas me demander de te rembourser plus tard !"
"Oui, ne vous inquiétez pas. Combien ça coûte ?"
"Hmm, je devrais prendre 5 nyangs."

Pour le garçon, 5 nyangs, c'était beaucoup d'argent. Mais le garçon revint bientôt avec l'argent.

Le temps passa et le soleil commença à se coucher. L'ombre de l'arbre commença à s'étendre dans la cour de la maison du vieil homme riche.

Le garçon se leva rapidement et se dirigea vers la cour de la maison du vieil homme riche en suivant l'ombre de l'arbre.

Au fur et à mesure que le soleil avançait, l'ombre de l'arbre atteignait la pièce principale. Le garçon entra dans la chambre principale et s'allongea.

"Wow ! L'ombre est si fraîche !"
"Ce morveux monte dans ma chambre maintenant. Dégage tout de suite !"
"Monsieur, j'ai juste suivi l'ombre de l'arbre que j'ai payée."

Le vieil homme riche ne pouvait rien dire. Même après cela, le garçon semblait aller et venir dans la maison du riche vieillard comme si c'était la sienne.

Les villageois étaient également invités à s'asseoir ensemble à l'ombre.

Finalement, le riche vieillard abandonna sa maison et déménagea loin. Le garçon donna la permission aux gens de se détendre dans la maison.

Note culturelle

Traditionnellement, la société coréenne est fondée sur le confucianisme. Entre autres, le respect des personnes âgées est considéré comme l'une des vertus les plus importantes. Cependant, cela crée parfois des situations déraisonnables. L'argument selon lequel il faut faire ce que dit la personne âgée en est un exemple. Vous pouvez le voir dans cette histoire, où un vieil homme riche fait des demandes déraisonnables à un jeune garçon. Grâce à l'intelligence du garçon, le vieil homme cupide s'est retrouvé humilié et, espérons-le, a reçu une bonne leçon.

Vocabulaire

커다란 grand/grande. 느티나무 un arbre zelkova. 그루 une souche. / un contre-mot pour les arbres. 시원한 frais. 낮잠 une sieste. 옆 le côté. 앉다 s'asseoir. 바람에 à cause de. 깨어나다 se réveiller. 마음대로 comme on veut/à volonté. 꺼져라 Va-t'en tout de suite ! 소년 un garçon. 어떻게 comment. 영감 (formel) un vieil homme. 아니면 si non. 어안이 벙벙하다 abasourdi. 못된 méchant. 골려주다 taquiner. 아이고 Oh, mon Dieu ! 귀가 솔깃하다 est tenté. 냥 une unité monétaire coréenne utilisée dans le passé. 이내 bientôt. 마련하다 se procurer. 서서히 progressivement. 냉큼 tout de suite. 일어나다 se lever. 자리 place/siège/endroit. 옮기다 se déplacer. 안방 chambre principale. 드러눕다 s'allonger. 제집 maison à soi. 초대하다 inviter. 버리다 jeter/laisser tomber. 맘 놓다 se rassurer, ne plus se faire de souci.

Proverbe

만사가 욕심대로라면 하늘에다 집도 짓겠다.
Si tout se passait comme tu le souhaitais,
tu pourrais même construire une maison dans le ciel.

Cela signifie qu'il faut se méfier de l'avidité excessive, car on ne peut pas tout avoir à sa guise.

Compréhension de la lecture Quiz

D'après l'histoire, l'arbre fournit suffisamment d'ombre pour couvrir plus d'une personne.

A. Vrai B. Faux

Le vieil homme gourmand s'est réveillé de sa sieste parce que le garçon...

A. A fait du bruit. B. Lui a accidentellement marché dessus. C. S'est assis à côté de lui. D. A amené des amis avec lui.

D'après l'histoire, le vieil homme cupide a acheté l'arbre à son grand-père.

A. Vrai B. Faux

D'après l'histoire, le garçon a fait semblant de croire que le vieil homme cupide prétendait...

A. Montrer du respect. B. Lui donner une leçon. C. Construire une cabane.

D. L'adopter comme son fils.

D'après l'histoire, le vieux cupide fut _____ par la réaction du garçon à son offre de vendre l'ombre pour 5 nyangs.

A. Furieux B. Humilié C. Tenté D. Effrayé

D'après l'histoire, le garçon n'a jamais eu l'intention d'acheter l'ombre au vieil homme cupide.

A. Vrai B. Faux

Quelle était l'émotion la plus probable du vieillard cupide lorsqu'il a quitté sa maison ?

A. Paisible B. Fier C. Récompensé D. Rempli de regrets

Réponse : A / C / B / B / C / B / D

도깨비 요술 방망이와 개암
La gourdin magique des gobelins et la noisette

옛날 옛적 어느 마을에 형제가 살았어요.

Il était une fois deux frères qui vivaient dans un village.

게으른 형은 일을 하나도 안 했어요.

L'aîné ne travaillait pas du tout.

모든 일은 늘,
착하고 부지런한 동생이 다 했어요.

Le jeune frère, gentil et diligent,
faisait toujours tout.

어느 날,
동생이 산에 올라가서 나무를 베는데,
나무에서 개암이 떨어졌어요.

Un jour,
le jeune frère grimpa sur une montagne et coupa
des arbres, et des noisettes tombèrent de l'arbre.

동생은 개암을 보고 좋아할 형을 생각하며
주머니 가득 넣었어요.

Le jeune frère vit les noisettes et remplit sa poche
en pensant à son grand frère qui les aimerait.

여기저기 떨어진 개암을 줍다 보니
어느새 날이 어두워졌어요.

Alors qu'il ramassait les noisettes tombées çà et là,
la nuit tomba soudain.

그래서 동생은 길을 잃었어요.

Le jeune frère se perdit alors.

허둥지둥 길을 찾던 동생은
오두막 한 채를 보았어요.

Le jeune frère, à la hâte de retrouver son chemin,
vit une cabane.

그 오두막에는 아무도 없었어요.

"여기서 하룻밤 자고,
날이 밝으면 산에서 내려가야겠다."

동생은 오두막으로 들어가
벽에 기대어 앉았어요.

눈이 감기려는 순간,
시끄러운 소리가 들렸어요.

깜짝 놀라서 문틈으로 살펴보았더니,
도깨비들이 집으로
성큼성큼 다가오고 있었어요.

동생은 후다닥 벽장으로 숨었어요.

도깨비들이 마당에 모였어요.

그리고 방망이로 바닥을 내려치자,
보물과 음식이 쏟아져 나왔어요.

음식을 보자 동생은
배가 고파졌어요.

'아 참, 개암이 있었지!'

동생은 개암을 꺼내
입에 넣었어요.

그리고 살짝 깨물었더니,
개암 깨지는 소리가 크게 났어요.

"어이구, 집이 무너지려나 보다!"

Il n'y avait personne dans la cabane.

Je vais dormir ici pendant la nuit et je descendrai de la montagne quand le soleil se lèvera.

Le jeune frère entra dans la cabane et s'assit contre le mur.

Au moment où il allait fermer les yeux, il entendit un grand bruit.

Surpris, il regarda par la porte. Des gobelins s'approchaient de la maison.

Le jeune frère se cacha rapidement dans le placard.

Les gobelins se rassemblèrent dans la cour.

Lorsqu'ils frappèrent le sol avec un gourdin magique de gobelin, des trésors et de la nourriture en sortirent.

Quand le jeune frère vit la nourriture, il eut faim.

Ah oui, c'est vrai, j'ai des noisettes !
Le jeune frère prit les noisettes et les mit dans sa bouche.

Lorsqu'il les croqua un peu, elles produisirent un fort craquement.

"Oh, mon Dieu. La maison est sur le point de s'effondrer."

놀란 도깨비들은 허둥지둥 달아났어요.

오두막에는
도깨비들이 두고 간 보물과 음식,
그리고 도깨비방망이가 있었어요.

동생은 날이 밝자,
보물과 도깨비방망이를 가지고
집으로 돌아왔어요.

지난밤 산에서 있었던 이야기를 들은 형은,
산으로 올라갔어요.

산에 도착하자마자 형은
주머니가 터지도록 개암을 주웠어요.

그리고 형은 벽장에 들어가서
밤이 되기를 기다렸어요.

멀리 도깨비들이 오는 소리가 들리자마자 형은,
개암을 입안 가득 넣고 깨물었어요.

그런데, 이번에는 도깨비들이
벽장문을 벌컥 열어젖혔어요.

"감히 우리 도깨비방망이를 훔쳐 가다니!"

Les gobelins surpris s'enfuirent précipitamment.

Il y avait des trésors, de la nourriture et des gourdins magiques laissés dans la cabane.

Au lever du jour,
le jeune frère rentra chez lui avec des trésors et un gourdin magique de gobelin.

Lorsque le frère aîné entendit parler de l'histoire de la veille dans la montagne, il monta dans la montagne.

Dès que le frère aîné arriva en haut de la montagne, il ramassa des noisettes au point de faire éclater ses poches.

Le grand frère alla dans l'armoire et attendit la nuit. Dès qu'il entendit les gobelins venir de loin, il mit les noisettes dans sa bouche et les croqua.

Mais cette fois-ci, les gobelins ouvrirent la porte du placard.

"Comment oses-tu voler notre gourdin !"

형은 도깨비들에게
두들겨 맞았어요.

형은 절뚝거리며
간신히 집으로 돌아왔어요.

그날부터 형은 정신을 차렸어요.

그리고, 힘든 일도 아우와 함께하면서
사이 좋게 살았어요.

Il fut battu par un gobelin.

Le frère aîné rentra à la maison en boitant.

Ce jour-là, il apprit une leçon.

Il vécut une bonne vie avec son jeune frère, et ils effectuèrent même les travaux difficiles ensemble.

Note culturelle

Contrairement aux effrayants gobelins des contes occidentaux, les gobelins des contes traditionnels coréens présentent de nombreuses similitudes avec les êtres humains. Ils sont parfois stupides, méchants, craintifs, mais affectueux. Dans cette histoire, les gobelins ont perdu leur gourdin magique parce qu'ils ont eu peur, mais ils ont pu punir le frère aîné cupide qui était venu le voler à nouveau. La morale de l'histoire est que l'avidité excessive peut apporter le malheur.

Vocabulaire

게으른 paresseux. 나무를 베다 couper un arbre. 개암 noisette.
주머니 une poche. 여기저기 ici et là. 어느새 déjà/si tôt/sans s'en rendre compte. 길을 잃다 perdre pour les directions/égarer.
허둥지둥 à la hâte/précipitamment. 여기 ici. 하룻밤 une nuit. 벽 un mur.
기대다 s'appuyer contre. 감기다 être fermé. 순간 un moment.
시끄러운 bruyant. 문틈 une fente dans la porte. 살펴보다 observer/regarder autour de soi. 성큼성큼 à grandes enjambées. 후다닥 rapidement/agilement.
벽장 un placard. 숨다 se cacher. 모이다 rassembler. 방망이 un gourdin.
내려치다 frapper. 쏟아져 나오다 pour déverser. 깨물다 mordre.
무너지다 s'écrouler. 열어젖히다 ouvrir vivement. 감히 oser.
두들겨 맞다 de se faire battre. 절뚝거리다 de boiter. 간신히 à peine.
정신을 차리다 reprendre ses esprits/conscience/apprendre une leçon.

Proverbe

남의 떡이 더 커보인다.
Les galettes de riz des autres ont l'air plus grosses.
"L'herbe est toujours plus verte dans le pré du voisin."

Expression qui fait référence, au sens figuré, à l'avidité sans fin des gens.

Compréhension de la lecture Quiz

Selon l'histoire, le frère aîné ne travaillait pas du tout parce qu'il était...

A. Handicapé B. Marié avec des enfants C. Trop vieux. D. Paresseux

D'après l'histoire, on peut supposer que le frère aîné aime les noisettes.

A. Vrai B. Faux

D'après l'histoire, le jeune frère a passé beaucoup de temps à ramasser les noisettes.

A. Vrai B. Faux

Le jeune frère s'est perdu parce que...

A. Il était trop concentré sur le ramassage des noisettes.

B. Il ne savait pas quelle heure il était.

C. Il n'était jamais allé dans la montagne.

D. Il n'y avait personne pour l'aider.

Le jeune frère savait que la maison appartenait aux gobelins.

A. Vrai B. Faux

Le frère aîné savait que la maison appartenait aux gobelins.

A. Vrai B. Faux

D'après l'histoire, les gobelins ont dû penser que le grand frère était celui qui avait volé leur gourdin magique.

A. Vrai B. Faux

Réponse : D / A / A / A / B / A / A

자신을 도둑맞은 도령
Le jeune homme à qui on vola l'aspect.

옛날에 이씨 성을 가진 한 도령이 살았습니다. 이 도령은 절에서 삼 년 동안 공부를 하고 집으로 돌아왔습니다.

그런데 이 도령은 집에 돌아와서 깜짝 놀랐습니다.

자기와 똑같은 모습을 한 사람이 있었기 때문입니다. 그런데 그 도령도 자기가 진짜 이 도령이라고 주장했습니다.

두 사람이 이렇게 다투고 있자, 이 도령의 부모님이 나왔습니다.

부모님은 누가 진짜 이 도령인지 알기 위해 여러 가지 질문을 했습니다. 하지만 두 사람은 모두 똑같이 대답하였습니다.

그러던 중 어머니가,

"지난해에 밥상을 새로 만들었는데 어떤 나무로 만들었느냐?"라고 물었습니다.

가짜 이 도령은 대답했지만 진짜 이 도령은 대답하지 못했습니다. 작년에 절간에서 공부하고 있었기 때문에 알 수 없었던 것입니다.

Il était une fois un jeune célibataire répondant au nom de famille de Lee. M. Lee étudia dans un temple pendant trois ans et rentra chez lui.

M. Lee fut surpris à son retour,

car il y avait quelqu'un qui lui ressemblait. Ce célibataire prétendait également être le vrai M. Lee.

Alors que les deux se disputaient, les parents de M. Lee sortirent.

Les parents leur posèrent plusieurs questions pour savoir qui était le vrai M. Lee. Mais tous deux répondirent la même chose.

La mère demanda alors :

"J'ai fabriqué une nouvelle table l'année dernière. De quelle sorte de bois était-elle faite ?"

Le faux M. Lee répondit, mais le vrai M. Lee ne répondit pas. Il ne pouvait pas savoir la réponse puisqu'il avait étudié dans un temple l'année précédente,

그런데 오히려, 부모님은 진짜 이 도령이 가짜라고 생각하고 쫓아냈습니다.

집에서 쫓겨난 이 도령은 어느 날, 한 스님을 만나게 되었습니다.

이 도령은 스님에게 자초지종을 설명했습니다.

스님은 그 이유를 알고 있었습니다. 그것은 바로 이 도령이 절에서 공부할 때 아무 데나 깎아 버린 손톱 때문이었습니다.

이 손톱을 주워 먹은 들쥐가 가짜 이 도령으로 변신한것이었습니다. 손톱에는 그 사람의 혼이 들어있기 때문에 마음과 모습을 훔칠 수 있었다고 말했습니다.

스님은 가짜 이 도령을 쫓아낼 수 있는 방법을 알려주었습니다. 진짜 이 도령은 스님이 준 고양이와 함께 집으로 돌아갔습니다.

진짜 이 도령은 집으로 돌아와 큰 소리로 가짜 이 도령을 불렀습니다. 그리고, 가짜 도령의 앞에 고양이를 내놓았습니다. 그러자, 고양이는 가짜 도령에게 달려들었습니다.

그러자 가짜 도령은 비명을 지르며 땅바닥에 쓰러졌습니다. 그리고 커다란 들쥐로 변했습니다.

이 도령의 부모님은 이 모습을 보고 깜짝 놀랐습니다.

그제야 진짜 이 도령과 부모님은 서로를 반길 수 있었답니다.

mais plutôt, les parents crurent que le vrai M. Lee était le faux et le mirent à la porte.

Un jour, M. Lee, qui avait été mis à la porte, rencontra un moine.

M. Lee expliqua toute l'histoire au moine.

Le moine connaissait la raison. C'était parce que M. Lee coupait ses ongles et les laissait partout lorsqu'il étudiait au temple.

Le mulot qui avait mangé ces ongles s'était transformé en un faux M. Lee.
Il dit qu'il avait été capable de voler son esprit et son apparence parce que les ongles contiennent l'âme de la personne.

Le moine lui expliqua comment chasser le faux M. Lee. Le vrai M. Lee rentra chez lui avec un chat que le moine lui avait donné.

Le vrai M. Lee rentra chez lui et appela le faux M. Lee à haute voix. Et il plaça le chat devant le faux M. Lee. Ensuite le chat se précipita alors sur le faux M. Lee.

Ensuite, le faux M. Lee cria, tomba par terre et se transforma en un gros mulot.

Les parents de M. Lee furent surpris de voir cela.

Ce n'est qu'à ce moment-là que le jeune M. Lee et ses parents purent se retrouver.

Note culturelle

Cette histoire contient une superstition intéressante à laquelle les Coréens croient. Il s'agit de la croyance selon laquelle "il ne faut pas se couper les ongles tard en soirée", car si l'on se coupe les ongles dans l'obscurité de la nuit et si une souris les mange, elle devient un être humain. Cette superstition effrayante aurait été créée pour éviter que les enfants ne se blessent en se coupant les ongles la nuit, lorsqu'il n'y avait pas d'électricité. Il est intéressant d'apprendre comment les Coréens vivaient autrefois grâce aux superstitions.

Vocabulaire

이씨 성 Un M. / une Mme portant le nom de famille Lee (이 = Lee, 씨 = affixe signifiant "M./Mme" 성 = nom de famille" 도령 (formel) un célibataire/un jeune. 절/절간 un temple bouddhiste. 공부 étudier.
진짜 original, vrai. 주장하다 affirmer/proclamer.
다투다 se disputer/argumenter. 새로 nouvellement/fraîchement.
만들다 faire/construire. 알 수 없다 ne peut pas savoir 오히려 plutôt/au lieu de.
쫓아내다 chasser/éloigner. 가짜 faux. 스님 (honorifique) un moine.
자초지종 tous les détails/le compte rendu complet (de). 아무 데나 où que ce soit. 깎다 couper/cliper/carver. 버리다 jeter/déposer. 손톱 ongle de pied.
들쥐 rat sauvage. 혼 âme/esprit. 들어있다 est à l'intérieur/contenu.
방법 une méthode/des moyens. 고양이 un chat. 내놓다 mettre/supprimer.
달려들다 se précipiter. 비명 지르다 pour crier.
반기다 accueillir chaleureusement.

Proverbe

힘쓰기보다 꾀쓰기가 낫다.
Il vaut mieux utiliser son cerveau que la force.

Cela signifie qu'on peut résoudre des problèmes difficiles plus facilement avec la sagesse qu'avec la force.

Compréhension de la lecture Quiz

D'après l'histoire, le célibataire s'attendait à voir quelqu'un qui était sa copie conforme.

A. Vrai B. Faux

Les parents du célibataire savaient en fait qui était le vrai fils, mais ils posèrent tout de même une série de questions.

A. Vrai B. Faux

Le faux célibataire put répondre à la question de la mère alors que le vrai célibataire ne put pas le faire parce que...

A. Il était plus intelligent que le vrai. B. Il avait lu dans les pensées de la mère.

C. Il avait vécu dans la maison pendant l'absence du vrai célibataire. D. Il avait étudié plus dur.

Les parents chassèrent le vrai célibataire de la maison parce que...

A. Ils voulaient lui sauver la vie. B. Il ne pouvait pas répondre à la question.

C. Il n'était pas un fils filial. D. Ils ne voulaient qu'un seul fils.

D'après l'histoire, le faux célibataire est né pendant que le vrai célibataire étudiait dans un temple.

A. Vrai B. Faux

Le chat sauta sur le faux célibataire parce que...

A. Il savait que c'était un faux. B. Il savait que c'était une souris. C. Il détestait les gens.

D. Le moine lui avait ordonné de le faire.

D'après l'histoire, le chat voyait ce que les parents ne voyaient pas.

A. Vrai B. Faux

Réponse : B / B / C / B / A / B / A

산신령에게 밀가루 소 백마리를 바친 농부
Le fermier qui offrit cent vaches à farine à l'esprit de la montagne

옛날 어느 한 마을에 가난한 농부가 살고 있었습니다. 그 농부는 병에 걸렸지만, 돈이 없어서 약을 살 수 없었어요.

Il était une fois un pauvre fermier dans un village. Le fermier tomba malade, mais il ne pouvait pas acheter de médicaments parce qu'il n'avait pas d'argent.

하지만 가족들을 위해서 하루라도 일을 멈출 수가 없었습니다.

Mais il ne pouvait pas s'arrêter de travailler, pas même une journée, pour sa famille.

그러던 어느 날 농부는 산으로 올라가 삼일 동안 간절히 기도했습니다.

Un jour, le fermier alla sur la montagne et pria sincèrement pendant trois jours.

삼일째 되던 날, 동굴 깊은 곳에서 목소리가 들려왔습니다.

Le troisième jour, une voix se fit entendre du fond d'une grotte.

"가련한 농부여, 너의 간절한 기도를 들었노라."

"Pauvre fermier, j'ai entendu ta prière sincère." Un esprit de la monta gne qui avait entendu la prière du fermier apparut.

농부의 기도를 들은 산신령이 나타난 것이었습니다.

농부가 말했습니다.

Le fermier dit :

"산신령님, 저의 병을 낫게 해주신다면 소 백마리를 드리겠습니다."

"Esprit de la montagne, si tu peux guérir ma maladie, je te donnerai 100 vaches."

농부의 약속을 믿은 산신령은 농부의 병을 낫게 해주었습니다.

L'esprit de la montagne, qui croyait à la promesse du fermier, guérit la maladie de ce dernier.

병이 나은 농부는 고민에 빠졌습니다. 농부는 꾀를 내었습니다.

Le fermier, qui allait mieux, était confronté à un dilemme. Le fermier pensa à un stratagème.

농부는 밀가루 사용해
가짜 소 백마리를 만들었습니다.

그리고 산신령과 약속한 곳으로 갔습니다.

"약속대로 소 백마리를 바치옵니다."

하지만 산신령은 농부가
속임수를 쓰는 것을 알았어요.

화가 난 산신령은 농부에게 말했습니다.

"너의 정성에 감동하였으니
은돈 오십냥을 주겠다.
내일 아침 일찍 바닷가로 나가거라."

농부는 다음 날 아침 일찍
산신령이 이야기해 준
바닷가로 나갔습니다.

'은돈 오십냥이 어디 있을까?'
농부는 두리번거렸습니다.

하지만 바로 그때, 해적들이 나타나
농부를 배에 태운 뒤
먼 나라로 떠났습니다.

해적들은 농부를 은돈 오십냥에
노예로 팔아버렸습니다.

농부는,

'아, 내 몸값이 은돈 오십냥이었던 것이로구나'

하며 약속을 지키지 않고 거짓말한 것을
후회했습니다.

Il fabriqua 100 fausses vaches avec de la farine.

Et se rendit à l'endroit promis avec l'esprit de la montagne.

"J'offre 100 vaches comme promis."

Mais l'esprit de la montagne s'aperçut que le fermier avait triché.

L'esprit de la montagne, en colère, dit à l'agriculteur,

"Je suis touché par ta sincérité, alors je vais te donner 50 nyangs en pièces d'argent. Va à la plage tôt demain matin."

Le fermier était si heureux qu'il se rendit à la plage tôt le lendemain matin, comme le lui avait dit l'esprit de la montagne.

Où sont les 50 nyangs en pièces d'argent ?
Le fermier regarda autour de lui.

Mais à ce moment-là, des pirates apparurent, montèrent à bord du bateau du fermier et partirent pour un pays lointain.

Les pirates vendirent le fermier comme esclave pour 50 nyangs en pièces d'argent.

Le fermier a regretté d'avoir menti au lieu de tenir sa promesse,

Oh, ma rançon était de 50 nyang de pièces d'argent.

Note culturelle

Cette histoire illustre les croyances chamaniques traditionnelles des Coréens, où l'image d'un être humain faible est punie pour avoir essayé de tromper l'esprit tout-puissant de la montagne. C'est l'idée que le peuple coréen se fait de l'adaptation à la nature et de la vie selon la providence divine. Elle souligne surtout l'importance de tenir ses promesses.

Vocabulaire

약 médecine. 하루라도 pas même une journée. 간절히 sincèrement. 기도하다 prier. 동굴 une grotte. 가련한 pitoyable. 낫게 하다 guérir (quelqu'un). 백 cent. 믿다 croire / faire confiance. 고민 une préoccupation/un souci. 밀가루 la farine. 바치다 offrir/déclarer. 속임수 une ruse/une tromperie. 은돈 argent. 은 signifie "argent" et 돈 signifie "monnaie". 내일 demain. 바닷가 bord de mer. 두리번거리다 de regarder autour de soi. 해적 un pirate. 나라 une nation/un pays. 노예 un esclave. 팔다 vendre. 몸값 rançon. 몸 signifie "corps" et 값 signifie "prix".

Proverbe

열 길 물속은 알아도 한 길 사람의 속은 모른다.
Vous pouvez estimer que l'eau a une profondeur de trente mètres, mais vous ne pouvez pas estimer l'esprit humain d'une profondeur de trente centimètres.

Cela signifie qu'il faut faire attention à ne pas faire aveuglément confiance à quelqu'un parce qu'on ne peut pas connaître l'esprit d'une personne de l'extérieur.

Compréhension de la lecture Quiz

D'après l'histoire, l'agriculteur a dû continuer à travailler malgré sa maladie parce que...

A. Il n'avait pas les moyens d'acheter des médicaments. B. Il devait subvenir aux besoins de sa famille.

C. Il allait mourir s'il arrêtait de travailler. D. Il avait beaucoup de dettes.

D'après l'histoire, le fermier semble croire aux êtres surnaturels.

A. Vrai B. Faux

Selon l'esprit de la montagne, la prière du fermier a été entendue parce que...

A. Il a prié pendant trois jours. B. Il était honnête. C. Sa prière était sincère.

D. Il avait une voix forte.

D'après l'histoire, le fermier pensait qu'il valait la peine d'offrir cent vaches pour sauver sa vie.

A. Vrai B. Faux

L'esprit de la montagne s'est mis en colère parce que...

A. Il n'aimait pas la farine. B. Il a compris que le fermier mentait. C. Le fermier a apporté moins de cent vaches.

D. Il attendait plus de cent vaches.

D'après la réaction du fermier, on peut supposer qu'il ne pensait pas que l'esprit de la montagne était en colère.

A. Vrai B. Faux

D'après l'histoire, le fermier avait des regrets parce qu'il...

A. ne valait que cinquante pièces d'argent. B. n'était pas assez fort pour battre les pirates. C. n'avait offert que cinquante vaches. D. n'avait pas tenu sa promesse.

Réponse : B / A / C / A / B / A / D

PISTE AUDIO #24

새 망태기 헌 망태기
Le nouveau filet et l'ancien filet

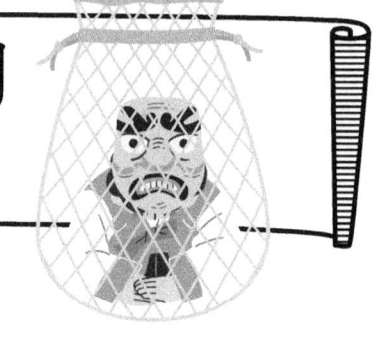

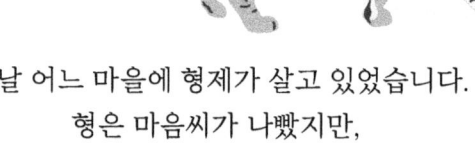

옛날 어느 마을에 형제가 살고 있었습니다.
형은 마음씨가 나빴지만,
아우는 마음씨가 아주 착했습니다.

Il était une fois deux frères qui vivaient dans un village. L'aîné avait le cœur méchant, mais le cadet avait un très bon cœur.

형제의 아버지는 자신이 죽으면
형제가 재산을 나누어 가지라고 당부했습니다.

Le père des deux frères leur conseilla de partager leurs biens à sa mort.

그러나 아버지가 죽고 나자
욕심 많은 형은
아우를 내쫓아버리고
재산을 혼자서 차지했습니다.

Cependant, après la mort de son père, le frère cupide chassa son jeune frère et s'empara de la propriété pour lui tout seul.

집에서 쫓겨나온 아우는
산에서 나무를 베다가
사냥꾼을 만났습니다.

Le jeune frère, qui avait été chassé de la maison, rencontra un chasseur alors qu'il abattait des arbres dans la montagne.

사냥꾼은 아우에게 돈벌이를 함께 해보자고
했습니다. 아우는 그렇게 하기로 했습니다.

Le jeune frère et le chasseur discutèrent. Le chasseur proposa au jeune frère de gagner de l'argent ensemble. Le jeune frère décida de le faire.

다음 날 저녁, 사냥꾼과 아우는
산속으로 들어갔습니다.

Le lendemain soir, le chasseur et le jeune frère allèrent dans la montagne.

사냥꾼은 새 망태기를 나뭇가지에 매달고,
아우에게 들어가라고 했습니다.

Le chasseur suspendit un nouveau filet à une branche et demanda au jeune frère de monter à l'intérieur.

그리고는 주변에 날카로운 창과 칼을 거꾸로 꽂아 두었습니다.

밤이 되자 큰 호랑이 한 마리가 먹이를 찾으러 나왔습니다.

호랑이는 나무에 매달린 망태기 속에 있는 아우를 발견했어요.

그래서 망태기를 향해 뛰어올랐습니다. 하지만 창과 칼에 찔린 호랑이는 피를 흘리며 쓰러졌습니다.

아우와 사냥꾼은 호랑이 가죽을 팔아서 큰 부자가 되었습니다.

아우가 큰 부자가 되었다는 소식을 들은 형은 샘이 났습니다. 그래서 사냥꾼의 집에 찾아가서 자신과 함께 사냥하자고 졸랐습니다.

사냥꾼은 지금 가진 것은 헌 망태기뿐이라고 말했습니다. 하지만 형은 부자가 될 욕심에 눈이 멀어서, 그래도 괜찮다고 했습니다.

결국 사냥꾼은 헌 망태기를 나뭇가지에 매달았고, 형은 그 안에 들어가서 호랑이를 기다렸습니다.

밤이 되자 호랑이가 망태기를 보고 뛰어올랐습니다. 그런데 그때, 헌 망태기 끈이 끊어졌습니다.

욕심 많은 형은 호랑이 밥이 되었습니다.

Puis il planta des lances et des épées tranchantes à l'envers autour du sac.

La nuit, un grand tigre sortit pour trouver de la nourriture.

Le tigre trouva le jeune frère dans le sac suspendu à un arbre.

Il sauta donc vers le sac. Cependant, le tigre, poignardé d'une lance et d'un couteau, perdit tout son sang.

Le jeune frère et le chasseur devinrent riches en vendant la peau du tigre.

Lorsque le frère aîné apprit que son frère cadet était devenu riche, il fut jaloux de lui. Il alla donc chez le chasseur et le supplia d'aller chasser avec lui.

Le chasseur lui répondit qu'il n'avait plus qu'un vieux filet. Mais le frère aîné était aveuglé par le désir d'être riche, alors il affirma que ce n'était pas grave.

Finalement, le chasseur accrocha le vieux filet à une branche, et le frère aîné entra à l'intérieur et attendit le tigre.

La nuit, le tigre bondit en voyant le sac en filet. Mais à ce moment-là, la ficelle du vieux sac se rompit.

Le frère aîné, très cupide, devint le repas du tigre.

Note culturelle

Dans cette histoire qui se déroule dans la Corée traditionnelle, une société paternelle, le fils aîné est dépeint comme égoïste bien qu'il ait hérité de toute la richesse de ses parents. Au contraire, un frère qui travaille dur sans se plaindre est dépeint comme un bon personnage. Ici, un tigre, que les Coréens considèrent comme une créature mystique, apparaît pour punir le mauvais personnage. Grâce à cette dynamique, on apprend l'importance de partager, de faire de l'esprit et de s'aimer les uns les autres sans être trop avide.

Vocabulaire

아버지 père. 죽다 mourir. 재산 actif/propriété. 당부하다 demander/ prier. 차지하다 to take up/occupy. 사냥꾼 un chasseur. 사냥 signifie "chasse" et 꾼 signifie "quelqu'un qui la pratique". 돈벌이 gagne-pain/gagner de l'argent. 새 (1) nouveau. (2) un oiseau. 망태기 un sac en filet. 매달다 suspendre/pendre. 주변 autour. 날카로운 pointu. 창 une lance. 칼 un couteau. 거꾸로 à l'envers. 꽂아두다 mettre/fixer. 먹이 nourriture. 뛰어오르다 sauter. 피 sang. 흘리다 de se répandre. 가죽 cuir. 샘이 나다 être jaloux. 조르다 insister/presser. 헌 vieux/usé. 눈이 멀다 devenir aveugle. 끈 une corde. 끊어지다 de se rompre.

Proverbe

허욕에 들뜨면 한 치 앞도 못 본다.
Si la vanité vous motive, vous ne pouvez pas voir un pouce devant vous.

Cela signifie que si on est excité par une vaine cupidité, on n'est pas en mesure de faire des jugements rationnels.

Compréhension de la lecture Quiz

D'après l'histoire, le frère aîné a respecté la volonté du père.

A. Vrai B. Faux

Le frère aîné a pris tout l'héritage du père décédé parce qu'il...

A. avait secrètement été chargé de le faire. B. avait besoin de beaucoup d'argent. C. Était cupide D. S'inquiétait pour son jeune frère.

D'après l'histoire, nous pouvons supposer que le jeune frère et le chasseur avaient tous les deux besoin d'argent.

A. Vrai B. Faux

Le jeune frère a accepté d'entrer dans le sac en filet alors qu'il n'en avait pas envie.

A. Vrai B. Faux

D'après l'histoire, le tigre a sauté sur le sac en filet même s'il savait qu'il y avait des lances et des couteaux.

A. Vrai B. Faux

D'après l'histoire, le chasseur n'a pas tenu la promesse qu'il avait faite au jeune frère.

A. Vrai B. Faux

D'après l'histoire, le filet dans lequel se trouvait le frère aîné s'est rompu parce que...

A. Le tigre l'a mordu. B. Il était vieux. C. La branche n'était pas assez solide. D. Le chasseur ne l'avait pas bien attaché.

Réponse : B / C / A / B / B / B / B

PISTE AUDIO #25

삼 년 고개
La colline des trois ans

아주 먼 옛날, 어느 마을에는
한 번 넘어지면 삼 년밖에 못 산다는
전설이 있는 고개가 있었어요.

사람들은 이 고개를 '삼 년 고개'라고 부르며
고개를 지날 때마다 넘어지지 않게 조심했어요.

심지어 거북이처럼 기어가는 사람도 있었어요.

그러던 어느 날, 머리가 하얀 할아버지가
삼 년 고개를 조심스럽게 넘고 있었어요.

그런데 수풀에서 토끼가 튀어나왔어요.
깜짝 놀란 할아버지는 뒤로 넘어졌어요.

"아이고 삼 년밖에 못 살겠구나…"
할아버지는 슬프게 울었어요.

어느덧 삼 년째가 되었어요.
할아버지는 살날이 며칠 남지 않았다는 생각에
걱정이 가득했어요.

마을에서 가장 용하다는 의원이 찾아왔어요.
하지만 무슨 병인지 전혀 몰라서
고칠 수 없었어요.

Il y a longtemps, dans un village, il y avait une colline dont la légende disait qu'après être tombé de la colline, on ne pouvait vivre que trois ans.

Les gens appelaient cette colline la "colline des trois ans" et faisaient attention à ne pas tomber chaque fois qu'ils passaient devant.

Il y avait même des gens qui rampaient comme des tortues.

Un jour, un grand-père aux cheveux blancs traversait prudemment la colline des trois ans.

Mais un lapin sauta hors des buissons. Le grand-père, surpris, tomba à la renverse.

"Oh, je ne vais plus vivre que trois ans..."
Le grand-père pleura tristement.

La troisième année, le grand-père s'inquiéta de n'avoir plus que quelques jours à vivre.

Les médecins les plus compétents du village vinrent le voir, mais ils ne purent le guérir parce qu'ils n'avaient aucune idée du type de maladie dont il souffrait.

다음 날, 어린 손자가 할아버지를 찾아왔어요.

"할아버지, 어쩌다 병이 나신 거예요?"
라고 물었어요.

"삼 년 고개에서 넘어졌단다.
살날이 얼마 남지 않아서
몸에 힘이 하나도 없구나"

"할아버지, 한 번 넘어지면 삼 년이니까,
두 번 넘어지면 육 년,
세 번 넘어지면 구 년을 사실 거예요!"

"그렇지!"

할아버지는 곧장 삼 년 고개로 달려갔어요.

그러고는 일부러 계속 넘어지기 시작했어요.

"넘어질수록 오래 사니까, 계속 굴러보자!"

할아버지는 계속해서 넘어졌습니다.

더 이상 걱정이 없어진 할아버지는,
그 후로도 오래오래 건강하게 살았어요.

그리고 마을 사람들도 그 소식을 듣고
모두 삼 년 고개에서 넘어졌어요.

그때부터 '삼 년 고개'는 '장수 고개'가 되었어요.

Le lendemain, un jeune petit-fils rendit visite à son grand-père.

Il lui demanda : "Grand-père, comment es-tu tombé malade ?"

"Je suis tombé sur la colline des trois ans. Il ne me reste plus beaucoup de temps à vivre, alors je n'ai plus de force dans mon corps."

"Grand-père, c'est 3 ans si tu tombes une fois, donc 6 ans si tu tombes deux fois, et 9 ans si tu tombes trois fois !"

"C'est vrai !"

Le grand-père courut tout droit vers la colline des trois ans.

Puis il se mit à tomber volontairement.

"Plus on tombe, plus on vit longtemps. Continuons à rouler !"

Le grand-père continua à tomber. Le grand-père, qui n'avait plus de soucis, vécut en bonne santé pendant longtemps.

Lorsque les villageois apprirent la nouvelle, ils tombèrent tous de la colline des trois ans.

Depuis lors, la colline des trois ans est devenue la colline de la longévité.

Note culturelle

Comme le petit-fils plein d'esprit qui guérit son grand-père de sa maladie, la leçon de cette histoire est qu'il est important de penser positivement parce que, si on change nos pensées positivement ne serait-ce qu'un instant, ce qui nous effrayait auparavant ne nous semblera peut-être pas si grave.

Vocabulaire

전설 légende. 고개 (1) une colline. (2) le cou. 부르다 appeler.
조심하다 faire attention/prendre garde. 거북이 une tortue.
기어가다 de ramper. 하얀 blanc. 수풀 forêt/les bois. C'est une variante de 숲.
넘어지다 tomber/faire faillite. 어느덧 déjà/si tôt/sans s'en rendre compte.
고치다 soigner/réparer/guérir (une maladie). 어린 jeune/petit.
손자 un petit-fils/petite-fille. 힘 puissance/force. 오래 longtemps.
더 이상 n'avait plus 그때부터 à partir de/depuis le/ce moment.

Proverbe

긁어 부스럼 만든다
Même si le ciel s'effondre, il y a toujours un trou pour s'en sortir

Cela signifie que même si vous êtes dans une situation difficile, vous ne devriez jamais abandonner l'espoir.

Compréhension de la lecture Quiz

D'après l'histoire, les gens croyaient que la légende était scientifiquement prouvée.

A. Vrai B. Faux

Certaines personnes rampaient comme des tortues pour s'assurer de...

A. Ne pas marcher trop vite. B. Ne pas contrarier l'esprit de la montagne. C. Ne pas tomber.

D. Respecter l'esprit de la tortue.

D'après l'histoire, nous pouvons deviner que le grand-père avait eu peur du lapin.

A. Vrai B. Faux

Quelle est la raison la plus probable pour laquelle le médecin n'a pas pu déterminer le problème ?

A. Le grand-père ne voulait pas raconter ce qui s'était passé.

B. Le grand-père refusa le traitement.

C. Le médecin n'apporta pas les outils nécessaires.

D. Les symptômes n'étaient pas visibles pour le médecin.

D'après l'histoire, le petit-fils savait comment soigner la maladie de son grand-père parce qu'il avait déjà eu la même maladie.

A. Vrai B. Faux

Le petit-fils suggéra à son grand-père de continuer à tomber pour se moquer de lui.

A. Vrai B. Faux

La cause la plus probable de la maladie est...

A. Le stress B. La cupidité C. La culpabilité D. La malnutrition

Réponse : B / C / B / D / B / B / A

PISTE AUDIO #26

옹고집전
L'histoire de M. Têtu

옛날 한양에 옹고집이라 불리우는 사람이 살고 있었습니다. 옹고집은 재물이 많아서 큰 집에 살았습니다.

Il était une fois à Hanyang une personne nommée M. Têtu. M. Têtu vivait dans une grande maison parce qu'il était très riche.

그럼에도 불구하고 옹고집은 불쌍한 사람을 도와본 적이 한 번도 없었습니다.

Cependant, M. Têtu n'aidait jamais les pauvres.

그러던 어느 날 옹고집의 집에 스님이 찾아왔습니다. 스님은 대문 앞에서 염불을 외우면서 시주를 부탁했습니다. 그러자 하인이 나와서,

Un jour, un moine se rendit chez M. Têtu. Le moine demanda une offrande en récitant la prière bouddhiste devant la porte. Un serviteur sortit alors.

"우리 주인께서 알면 큰일 납니다. 어서 돌아가십시오" 하고 말했습니다.

"Vous auriez des ennuis si mon maître le savait. Repartez maintenant", dit-il.

스님은,

"좋은 일을 하면 좋은 일이 찾아오고 나쁜 일을 하면 나쁜 일이 찾아옵니다" 하며 계속 목탁을 두드렸습니다.

Le moine continua à battre la cloche en bois en disant : "Si vous faites de bonnes choses, de bonnes choses vous arriveront, et si vous faites de mauvaises choses, de mauvaises choses vous arriveront".

이 대화를 들은 옹고집이 대문을 열고 나왔습니다. 그리고 스님에게 소리쳤습니다.

Entendant cette conversation, M. Têtu ouvrit la porte et sortit. Et il cria au moine.

그리고 하인을 시켜 스님을 몽둥이로 때리게 했습니다. 그리고는 스님을 외양간에 가두었습니다.

Et il demanda à un serviteur de frapper le moine avec une massue. Puis il enferma le moine dans une grange.

그날 밤이 되어서야 옹고집은
스님을 풀어주었습니다.
절로 돌아간 스님은
이상한 부적을 써서 자신의 몸에 붙였습니다.

그러자 스님이 옹고집의 모습으로 변했습니다.
옹고집이 산책을 떠난 사이,
스님은 옹고집의 집으로 가서
옹고집 행세를 하였습니다.

산책을 갔다가 돌아온 옹고집은
집에 들어서며 소리쳤습니다.

"누가 내 집에서 시끄럽게 구느냐!"

그러자 옹고집으로 변신한 스님이

"당신은 누군데 함부로 내 집에 들어와
큰소리를 치는가?" 하고 소리쳤습니다.

하인들과 옹고집의 가족들은
누가 진짜 옹고집인지 도저히 알 수 없었습니다.
그래서 원님을 찾아갔습니다.
원님은 고민 끝에,
진짜 옹고집이 가짜라고 생각했습니다.

결국, 진짜 옹고집은 자신의 집에서 쫓겨나
떠돌이가 되어 구걸하며 살았습니다.
진짜 옹고집은 진심으로 자신의
이기심을 뉘우쳤습니다.

그리고 불쌍한 사람들을 도우며 살았습니다.
이 소식을 들은 스님은 다시 절로 돌아갔고,
진짜 옹고집은 집으로 돌아올 수 있었습니다.

M. Têtu libéra le moine seulement la nuit tombée. Le moine, revenu au temple, écrivit un étrange talisman et l'attacha sur son corps.

Le moine se transforma alors en M. Têtu. Pendant que M. Têtu partait en promenade, le moine se rendit chez M. Têtu et se fit passer pour lui.

M. Têtu, qui revenait d'une promenade, s'écria en entrant dans la maison :

"Qui fait du bruit dans ma maison ?"

Le moine qui s'était transformé en M. Têtu cria alors :

"Qui êtes-vous pour entrer dans ma maison et crier si fort ?"

Les serviteurs et leurs familles ne pouvaient pas savoir qui était le vrai M. Têtu. Ils allèrent donc voir le magistrat. Après mûre réflexion, le magistrat estima que le vrai M. Têtu était le faux.

Finalement, le vrai M. Têtu fut chassé de sa maison, devint un vagabond et vécut de mendicité. Le vrai M. Têtu regrettait sincèrement son égoïsme.

Et vivait en aidant les pauvres. En apprenant cette nouvelle, le moine retourna au temple et le vrai M. Têtu put rentrer chez lui.

Note culturelle

Dans le passé, la Corée était un pays qui pratiquait le bouddhisme et le chamanisme. Mais dans cette histoire, M. Têtu représente l'avidité et l'égoïsme du monde que le bouddhisme nous enseigne à éviter. Le moine qui apparaît ici agit comme un miroir de conscience pour que M. Têtu puisse se repentir de ses fautes, tout comme le vieux Scrooge dans le roman Un chant de Noël. Il n'y a qu'une seule façon de résoudre la malédiction, c'est d'aider les pauvres.

Vocabulaire

옹고집 M. Têtu. 고집 signifie "entêtement/opiniâtreté" et 옹 est un mot qui met l'accent. 대문 une porte. 염불 prière bouddhiste. 시주 don/offre.
하인 un serviteur. 큰일 나다 s'attirer des ennuis/devenir sérieux.
일 acte/chose. 목탁 une cloche en bois. 대화 une conversation.
부적 un talisman. 붙이다 attacher/affixer. 산책 une promenade.
행세를 하다 faire semblant. 함부로 sans permission. 도저히 du tout.
떠돌이 un vagabond. 구걸하다 mendier. 진심 vérité/sincérité. 이기심 égoïsme.
소식 nouvelle/information.

Proverbe

찔러도 피 한방울 안 나온다.
Aucune goutte de sang ne sortira, même en cas de blessure.

Expression figurée désignant une personne très cruelle ou sans cœur.

Compréhension de la lecture Quiz

Selon l'histoire, M. Têtu ne pouvait pas aider les pauvres parce qu'il n'avait pas assez d'argent.

A. Vrai B. Faux

D'après l'histoire, le moine se rendit chez M. Têtu pour lui demander de se convertir.

A. Vrai B. Faux

Le serviteur savait que son maître se fâcherait parce que...

A. Il n'aimait pas les moines. B. Il n'aimait pas partager.

C. Il n'avait pas d'argent. D. Il ne faisait pas confiance au serviteur.

D'après l'histoire, M. Têtu croyait aux enseignements de Bouddha.

A. Vrai B. Faux

D'après l'histoire, le moine mit un étrange talisman sur son corps pour guérir les blessures causées par les coups qu'il avait reçus.

A. Vrai B. Faux

Après s'être transformé en M. Têtu, le moine vola les affaires de M. Têtu.

A. Vrai B. Faux

Le vrai M. Têtu put retourner chez lui parce que...

A. Il avait fait un don important au moine. B. Il avait aidé d'autres personnes.

C. Le magistrat l'avait ordonné. D. Le moine était mort.

Réponse : B / B / B / B / B / B / B

PISTE AUDIO #27

큰 바위 재판
Le procès du Gros Rocher

옛날에 비단 장수가 있었어요.
어느 날, 그는 비단을 짊어지고 시골길을
걸어가고 있었어요.

비단 장수는 지쳐서
큰 바위 앞에서 잠깐 쉬었어요.
그러다가 깜빡 잠들었어요.

하지만 잠에서 깨어보니
비단 짐이 사라졌어요.

"아이고, 내 비단이 다 어디 간 거야!
나는 이제 망했구나!'

비단 장수는 마을 원님을 찾아가
하소연 하였습니다.
원님은 지혜롭기로 유명했어요.
원님은 비단 장수 말을 듣고 한참을 생각했어요.
그리고 말했어요.

"주변에 아무도 그 사건을 본 사람이 없으니
큰 바위를 추궁하면 범인을 알 수 있을 것이다!
어서 그 큰 바위를 여기로 데려 오너라!"

큰 바위를 재판한다는 소문은
금세 마을 전역에 퍼졌어요.

재판 당일 구경꾼들이 몰려들기 시작했어요.

Il était une fois un vendeur de soie. Un jour, il marchait sur une route de campagne en transportant de la soie.

Le vendeur de soie était fatigué et se reposa un moment devant un gros rocher. Puis il s'endormit.

Mais lorsqu'il se réveilla, on sac de soie avait disparu.

*Où est passée toute ma soie ?
Je suis perdu maintenant !*

Le vendeur de soie se rendit chez le magistrat du village et se plaignit. Le magistrat était réputé pour sa sagesse. Le magistrat écouta le vendeur de soie et réfléchit longuement. Il lui dit :

"Personne autour de toi n'a vu l'incident, alors si j'interroge le gros rocher, nous connaîtrons le coupable !
Dépêche-toi d'apporter le gros rocher ici !"

La rumeur du jugement d'un gros rocher se répandit rapidement dans tout le village.

Le jour du procès, les spectateurs commencèrent à affluer.

원님은 문지기에게 명령하여
옷을 잘 입은 사람들만 들여보내라고
일러 놓았어요.
드디어 큰 바위 재판이 시작되었어요.

"큰 바위 네 이놈!
범인이 누군지 바른대로 말하거라!"

원님은 큰 바위에 호통을 쳤지만
큰 바위는 아무 말도 없었습니다.

구경꾼들은 모두 웃었어요. 원님은,

"감히 재판하는데 웃다니!
웃은 사람들을 모두 옥에 가두어라"
라고 명령했어요.

옥에 갇힌 사람들은 원님에게
용서해 달라고 애원했어요.
원님은 비단을 바치면 풀어주겠다고 말했습니다.

옥에 갇힌 사람들은 비단을 사서
원님에게 바쳤어요.

그 비단은 비단 장수가 잃어버린 비단과
똑같은 것이었어요!

원님이 누구에게서 비단을 샀는지 묻자,
모두가 옆 마을 비단 장수에게서
샀다고 말했어요.

원님은 당장 그 비단 장수를 잡아 오라고
명령했어요. 이렇게 해서 비단 장수는
잃어버린 비단을 모두 찾을 수 있었어요.

Le magistrat ordonna au gardien
de ne laisser entrer que les gens bien habillés.
Finalement, le procès du gros rocher commença.

"Gros Rocher, espèce de voyou !
Dis-nous qui est le coupable !"

Le magistrat cria au gros rocher,
mais le gros rocher ne dit rien.

Tous les spectateurs se mirent à rire. Le
magistrat dit :

"Comment osez-vous rire pendant un procès ?
Mettez en prison tous ceux qui ont ri", ordonna-
t-il.

Les personnes enfermées en prison supplièrent
le magistrat de les pardonner.
Le magistrat dit qu'il les libérerait s'ils offraient
de la soie.

Les prisonniers achetèrent de la soie et
l'offrirent au magistrat.

La soie était exactement comme celle que le
vendeur de soie avait perdue !

Lorsque le magistrat leur demanda à qui ils
avaient acheté la soie, ils répondirent tous qu'ils
l'avaient achetée à un marchand de soie du
village voisin.

Le magistrat ordonna d'arrêter immédiatement
ce vendeur de soie. De cette façon, le vendeur
de soie put retrouver toute la soie qu'il avait
perdue.

Note culturelle

Grâce au magistrat avisé, le criminel qui avait volé de la soie put être arrêté. La scène où l'on parle à un gros rocher est ridicule, mais c'est là que la sagesse du magistrat prend tout son sens. La morale de l'histoire est que ceux qui commettent un crime seront punis un jour ou l'autre, même si personne ne les a vus faire.

Vocabulaire

비단 soie. 장수 un vendeur. 짊어지다 porter (sur l'épaule/le dos). 시골길 route de campagne. 바위 un rocher. 깜빡 잠들다 endormir. 짐 bagages. 망하다 perdre/se ruiner. 하소연 se plaindre/se lamenter. 사건 un incident. 추궁하다 interroger. 범인 un coupable. 재판 un procès. 구경꾼 un spectateur. 구경 signifie "regarder" et 꾼 signifie "personne douée en cette chose". 문지기 un gardien. 일러 놓다 informer quelqu'un (à l'avance). 드디어 finalement/éventuellement. 놈 (informel) Une personne (aspect négatif)/espèce. 바른대로 en toute sincérité. 호통치다 crier. 옥 jade. 애원하다 plaider/implorer/mendier.

Proverbe

물이 깊어야 물고기가 모인다.

Les poissons ne se rassemblent que lorsque l'eau est profonde.
Ce qui signifie que les autres ne suivront que lorsqu'il y aura une grande vertu.

Compréhension de la lecture Quiz

Selon l'histoire, le vendeur de soie n'avait pas prévu de faire une sieste, mais il s'endormit.

A. Vrai B. Faux

D'après l'histoire, la soie fut volée alors qu'il était éveillé.

A. Vrai B. Faux

Le vendeur de soie ne put pas remarquer le voleur parce que le gros rocher lui masquait la vue.

A. Vrai B. Faux

Le vendeur de soie décida d'aller voir le magistrat parce que...

A. Le magistrat était le propriétaire du gros rocher.

B. Le vendeur de soie était ami avec le magistrat.

C. Le magistrat était sage.

D. Le vendeur de soie était épuisé.

D'après l'histoire, les spectateurs du procès pensaient que le magistrat était...

A. Intelligent B. Stupide C. Heureux D. Affamé

Le magistrat mit les spectateurs en prison parce qu'ils...

A. Avaient été bruyants. B. Avaient ri pendant un procès. C. N'avaient pas payé. D. Étaient en retard.

D'après l'histoire, le magistrat pensait-il que le rocher serait capable de parler ?

A. Oui B. Non

Réponse : A / B / B / C / B / B / B

PISTE AUDIO #28

부엉이를 잡은 젊은이
Le jeune homme qui attrapa un hibou

옛날 옛적, 어느 부자집에
아주 이상한 일이 생겼어요.

그 집 뒷마당에는 큰 사과나무가 있었어요.
그런데 그 나무에 검은 부엉이가 날아와 울면,
그 집 식구 중 한 명이 죽었어요.

부자는 식구를 모두 잃을까 걱정했어요.
그래서 종이에 크게 써서 모두가 볼 수 있게
집 담벼락에 붙였어요.

'검은 부엉이를 잡아주는 총각에게 내 딸을 주고
내 재산의 반을 주겠다.'

많은 총각들이 이 것을 보고
부엉이를 잡으려고 했어요.
하지만 아무도 성공하지 못했어요.

그러던 어느 날 어린 총각이
벽에 붙은 글을 보게 되었어요.

어린 총각은 활을 쏴 본 적이 없었어요,
하지만 누구보다 현명했어요.

어린 총각은 좋은 방법을 생각해 냈어요.
그리고 자신만만하게 대문을 두드렸어요.

"저에게 부엉이를 잡을 좋은 방법이 있습니다."

부자는 어린 총각을 집 안으로 맞이했어요.

Il était une fois une chose très étrange qui arriva à une riche famille.

Il y avait un grand pommier dans le jardin de la maison. Mais lorsqu'un hibou noir monta dans l'arbre et pleura, l'un des membres de la famille mourut.

L'homme riche était inquiet à l'idée de perdre tous les membres de sa famille. Il écrivit donc en grand sur du papier et le colla sur le mur de la maison pour que tout le monde puisse le voir.

"Je donnerai ma fille et la moitié de ma fortune au célibataire qui attrapera le hibou noir."

Beaucoup de célibataires virent cela et essayèrent d'attraper le hibou. Mais aucun ne réussit.

Un jour, un jeune célibataire vit le message sur le mur.

Le jeune célibataire n'avait jamais tiré à l'arc, mais il était plus sage que les autres.

Le jeune célibataire eut une bonne idée. Il frappa à la porte avec assurance.

"J'ai une bonne façon d'attraper le hibou."

L'homme riche accueillit le jeune célibataire et l'invita à entrer dans la maison.

그런데 활을 가져오지 않고
빈 손으로 온 것을 보고
이상하게 생각했어요.

어린 총각은 당당하게 말했어요.

"부엉이를 잡는 것은 활이 필요 없는
아주 간단한 일입니다."

부자는 어린 총각을 한 번
믿어보기로 했어요.

어린 총각은 늦은 밤까지 기다렸어요.
모두가 잠든 밤, 어린 총각은 사과나무에
조심스럽게 올라갔어요.
나무 위에서 한참을 가만히 기다렸어요.

얼마 후, 멀리서 부엉이가 사과나무를 향해
날아왔어요! 어린 총각은 부엉이가
나무에 앉기를 기다렸어요.
그리고 부엉이의 다리를 꽉 잡았어요.

어린 총각은 나무에서 내려와
큰소리로 외쳤어요.

"부엉이를 잡았습니다!"

부자는 마당으로 뛰어나와서
어린 총각의 손에 잡힌 부엉이를 보았어요.

"고맙네! 자네는 내 사위일세!"

활을 쏘지 못하는 어린 총각은 머리를 써서
결혼도 하고, 부자가 되어서 행복하게 살았어요.

Mais il trouva étrange qu'il vienne les mains
vides, sans avoir apporté d'arc.

Le jeune célibataire répondit fièrement.

"Attraper un hibou est une tâche très simple qui
ne nécessite pas d'arc".

L'homme riche décida de faire confiance au
jeune célibataire.

Le jeune célibataire attendit jusque tard dans la
nuit. Cette nuit-là, quand tout le monde fut
endormi, le jeune célibataire grimpa prudemment
sur le pommier.

Il attendit longtemps sur l'arbre. Peu après, un
hibou se dirigea de loin vers le pommier !
Le jeune célibataire attendit que le hibou prenne
place sur l'arbre.
Il saisit fermement la patte du hibou.

Le jeune célibataire descendit de l'arbre
et cria fort.

"J'ai attrapé le hibou !"

L'homme riche se précipita dans la cour et vit le
hibou dans la main du jeune célibataire.

"Merci ! Tu es mon gendre maintenant !"

Le jeune célibataire, qui ne savait pas tirer à l'arc,
s'était servi de son intelligence pour se marier et
il vécut heureux comme un homme riche.

Note culturelle

Pour exercer la sagesse, il est très important de penser différemment des autres, comme l'a fait le jeune célibataire, même si cela peut parfois sembler étrange aux yeux des autres, et le plus souvent, cela apportera de bons résultats.

Vocabulaire

사과나무 pommier. 검은 noir. 부엉이 un hibou. 종이 papier.
담벼락 mur de clôture. 반 moitié. 성공하다 réussir.
글 lettre/écrit/manuscrit. 쏘다 tirer. 현명하다 est sage.
자신만만 est plein d'assurance. 두드리다 frapper/taper.
맞이하다 pour saluer/accueillir. 빈 vide. 손 main.
당당하게 avec assurance/de manière digne. 간단한 simple.
가만히 régulièrement/idèlement. 꽉 étroitement.
자네 Tu, toi (quand une personne âgée s'adresse à une personne plus jeune ou à un ami du même âge

Proverbe

사람이 많으면 길이 열린다.
Quand il y a beaucoup de gens, une route s'ouvre.

Si vous combinez la sagesse et la force des gens, vous pouvez trouver un moyen de faire n'importe quoi.

Compréhension de la lecture Quiz

D'après l'histoire, des gens sont morts à cause du pommier.

A. Vrai B. Faux

D'après l'histoire, l'homme riche s'occupait de sa famille.

A. Vrai B. Faux

D'après l'histoire, la fille de l'homme riche n'était pas mariée.

A. Vrai B. Faux

Le jeune célibataire était malin, car il ne s'était jamais exercé à tirer à l'arc.

A. Vrai B. Faux

D'après l'histoire, tous les autres célibataires ont essayé d'attraper la chouette en tirant à l'arc.

A. Vrai B. Faux

Le vieil homme a décidé de faire confiance au jeune célibataire parce qu'il était...

A. Riche B. Beau C. Confiant D. Logique

D'après l'histoire, le jeune célibataire savait comment grimper à un arbre.

A. Vrai B. Faux

Réponse : B / A / A / B / A / C / A

호랑이가 준 보자기
Le tissu d'emballage offert par le tigre

옛날 옛적, 가난한 총각이
산 속에 혼자 살고 있었습니다.

Il était une fois un pauvre célibataire qui vivait seul dans les montagnes.

가난한 총각은 허름한 오두막집에서
살았습니다. 그는 너무나 가난해서,
변소조차 없었습니다.

Le pauvre célibataire vivait dans une cabane minable. Il était si pauvre qu'il n'avait même pas de toilettes.

그래서 추운 겨울이 되면
그냥 뒷문을 열고 산에 오줌을 누었습니다.

Alors, dans le froid de l'hiver, il ouvrait la porte arrière et faisait pipi dans la montagne.

어느 날, 산신령이 그 모습을 보고
크게 노하였습니다.

Un jour, l'esprit de la montagne se mit en colère en voyant cela.

그래서 산에 사는 호랑이를 불러서
총각을 혼내주라고 명령했습니다.

Il appela un tigre qui vivait dans la montagne et lui ordonna de gronder le célibataire.

호랑이는 어두운 밤에 총각의 집으로
몰래 내려왔습니다.

Le tigre se faufila jusqu'à la maison du célibataire par une nuit noire.

그리고 변소 뒤에서
총각이 나오기를 기다렸습니다.

Il attendit derrière les toilettes que le célibataire sorte.

아니나 다를까, 그날도,
총각은 산에 오줌을 누었습니다.

Comme on s'en doutait, ce jour-là aussi, le célibataire fit pipi dans la montagne.

호랑이가 달려가 총각을 혼내주려 했지만, 총각이 중얼거리는 소리를 들었습니다.

"아유, 추워.
나는 집이 있어서 괜찮지만,
집도 없이 산에 사는 호랑이는
얼마나 추울까?"

총각의 말을 듣게 된 호랑이는
차마 총각을 해칠 수 없었습니다.

호랑이는 마음을 바꾸어 산신령에게
자초지종을 말했습니다.

산신령도 총각의 마음에 감탄 했습니다.
호랑이는 산신령에게 부탁했습니다.

"그 총각이 조금 무례하긴 하지만
마음씨는 무척 착한 것 같습니다.
하지만 너무 가난한 것 같은데
총각을 좀 도와주었으면 좋겠습니다."

산신령은 호랑이에게 총각에게 갖다주라며
보자기 하나를 주었습니다.

호랑이는 총각이
자신을 겁낼 것을 걱정했습니다.

그래서 총각이 지나다니는 길목에
보자기를 슬쩍 내려두었습니다.

이튿날, 총각이 일하러 가던 길에
보자기를 발견하고 주워가기로 했습니다.

'이 보자기를 어디에 쓸까?'

Le tigre courut et fut sur le point de gronder le célibataire, mais il entendit le célibataire marmonner :

Oh, il fait froid. Mais tout va bien parce que j'ai une maison, mais à quel point fait-il froid pour un tigre qui vit dans une montagne sans même une maison ?

Le tigre, ayant entendu le célibataire, n'eut pas moyen de lui faire de mal.

Le tigre changea d'avis et raconta toute l'histoire à l'esprit de la montagne.

L'esprit de la montagne admira également le cœur du célibataire. Le tigre demanda à l'esprit de la montagne :

"Le célibataire est un peu grossier, mais il semble avoir un très bon cœur. Cependant je pense qu'il est très pauvre, alors j'espère que tu pourras l'aider."

L'esprit de la montagne donna au tigre un tissu d'emballage pour l'apporter au célibataire.

Le tigre craignait que le célibataire ait peur de lui.

Il déposa donc le tissu d'emballage sur le chemin où passait le célibataire.

Le lendemain, le célibataire trouva le tissu d'emballage sur le chemin du travail et décida de la ramasser.

Comment dois-je utiliser ce tissu d'emballage ?"

생각하던 총각은 날씨가 추워서
보자기를 머리에 둘렀습니다.

보자기를 두르고 길을 가는데
정말 이상한 일이 일어났습니다.

어디선가 말소리가 들렸습니다.
귀를 기울이니 나무 위의 참새가
사람처럼 말을 하고 있었습니다!

그 보자기가 바로
요술보자기 였던 것이었습니다.

놀란 총각은 가만히
참새의 말에 귀를 기울였습니다.

"얘들아, 옆 마을 부자 영감 딸이
병에 걸려 죽어가는데. 그 집 지붕에에 사는
천년 먹은 지네 때문에 그런 건데
사람들은 전혀 모르는데."

"그러게. 지붕을 들어내고 지네를 죽이면
딸의 병도 나을 텐데…"

그 말을 들은 총각은
당장 지게를 벗어 던지고
부자 영감의 집으로 향했습니다.

"내가 이 집 딸을 살려줄 테니
큰 사다리 하나와 담배,
그리고 부싯돌을 갖다주십시오."

부자 영감은 당장 총각이 말한 것들을
가져다주었습니다.

Le célibataire, qui réfléchissait, la mit autour de sa tête parce qu'il faisait froid.

Alors qu'il marchait dans la rue avec le tissu d'emballage, il se produisit quelque chose de vraiment étrange.

Il entendit le son d'une voix provenant de quelque part. En écoutant attentivement, il vit que c'était un moineau sur un arbre qui parlait comme un humain !

Le tissu d'emballage était magique.

Le célibataire surpris écouta attentivement le moineau.

"Les gars, la fille du vieil homme riche du village voisin est en train de mourir d'une maladie à cause du mille-pattes qui vit sous le toit de la maison depuis mille ans, mais les gens n'en ont aucune idée."

"Je sais. Si on soulève le toit et tue le mille-pattes, la fille sera guérie..."

En entendant cela, le célibataire laissa immédiatement ses affaires et se dirigea vers la maison du vieil homme riche.

"Je vais sauver la fille de cette famille, alors apportez-moi une grande échelle, une cigarette et un silex."

Le vieil homme riche apporta immédiatement ce que le célibataire lui avait demandé.

총각은 담배와 부싯돌을 들고
사다리를 타고 지붕으로 올라갔습니다.

총각이 지붕에 올라가 지붕을 들어내니
커다란 지네 한 마리가 꿈틀거리고 있었습니다.

총각이 부싯돌로 담배에 불을 붙였습니다,
그리고 지네에게 연기를 내뿜었더니
지네가 땅에 떨어져 죽었습니다.

총각은 부자 영감 딸의 목숨을 살렸습니다.

부자집에는 잔치가 벌어졌습니다.
부자 영감은 총각을 사위로 삼았습니다,

총각은 부자 영감의 외동딸과
행복하고 부유하게 오래오래 살았습니다.

Le célibataire monta sur le toit avec une échelle, une cigarette et un silex.

Lorsque le célibataire monta sur le toit et souleva le toit, un gros mille-pattes s'y tortillait.

Le célibataire alluma une cigarette avec un silex, et lorsqu'il cracha la fumée sur le mille-pattes, celui-ci tomba par terre et mourut.

Le célibataire sauva la vie de la fille du riche vieillard.

Une fête fut organisée dans la maison de la famille riche.

Le riche vieillard prit le célibataire comme gendre et celui-ci vécut heureux et riche avec la fille unique du riche vieillard.

Note culturelle

Au début de cette histoire, un esprit de montagne tout-puissant et un tigre tentent de punir un jeune homme. Cependant, ils le récompensent pour sa gentillesse. La morale de l'histoire est que, même si on est pauvre comme le jeune homme, le bonheur viendra un jour si on mène une bonne vie en tenant compte des autres.

Vocabulaire

허름한 minable. 변소 des toilettes. 조차 même. 뒷문 backdoor.
오줌 urine/pipi. 혼내주다 gronder. 명령하다 ordonner/commander. 아니나 다를까 comme on s'en doutait. 중얼거리다 de marmonner. 차마 pas moyen.
감탄하다 admirer/effrayer. 부탁하다 demander une faveur. 조금 un peu.
무례하다 grossier/impoli/insolent. 보자기 tissu d'emballage.
지나다니다 passer à travers. 길목 entrée d'une rue.
슬쩍 furtivement/secrètement. 이튿날 le lendemain. 날씨 le temps.
이상한 étrange. 참새 un moineau. 요술 magie/sorcellerie.
귀를 기울이다 écouter attentivement. 지네 un mille-pattes. 지게 une hotte.
사다리 une échelle. 담배 le tabac. 부싯돌 un silex. 꿈틀거리다 se tortiller.
불을 붙이다 d'allumer un feu. 연기 fumée. 내뿜다 cracher. 사위 gendre.
~로 삼다 prendre (quelqu'un) comme ~. 외동딸 une fille unique.
부유하게 richement/affluemment.

Proverbe

사나운 개도 먹여 주는 사람은 안다
Même les chiens féroces reconnaissent qui les nourrit.

Si l'on ne reconnaît pas une personne reconnaissante, cela fait de nous moins qu'une bête.

Compréhension de la lecture Quiz

D'après l'histoire, on peut supposer que le célibataire vivait seul parce qu'il était pauvre.

A. Vrai B. Faux

D'après l'histoire, sa maison n'avait pas de salle de bain parce qu'il n'en avait pas les moyens.

A. Vrai B. Faux

D'après l'histoire, faire pipi dans la montagne est quelque chose que l'esprit de la montagne n'aime pas.

A. Vrai B. Faux

Le tigre ne pouvait pas faire de mal au célibataire parce que...

A. Le tigre n'avait jamais fait de mal à personne auparavant. B. Le célibataire devait subvenir aux besoins de sa famille.
C. Le tigre avait des amis humains. D. Le célibataire avait un bon cœur.

D'après l'histoire, nous pouvons supposer que le tigre et l'esprit de la montagne sont également compatissants.

A. Vrai B. Faux

D'après l'histoire, le célibataire a mis le drap autour de sa tête parce que le tigre lui a dit de le faire.

A. Vrai B. Faux

D'après l'histoire, la cause la plus probable de la mystérieuse maladie de la fille du vieil homme riche est...

A. Le mille-pattes B. La fumée de cigarette C. La couverture D. Le toit

Réponse : B / A / A / D / A / B / A

효녀 심청
Simcheong, la fille aimante

옛날 어느 마을에
심봉사 라고 불리는 장님이 있었습니다.

그에게는 심청이라는
착하고 이쁜 딸이 있었습니다.

심청이는 장님인 아버지를 위해
열심히 일했습니다.

그뿐만 아니라, 심청이는 아버지를
사랑으로 보살폈습니다.

어느 날 심봉사는 아버지를 위해 힘들게 사는
딸이 불쌍하게 느껴졌습니다.

그래서 심봉사는 딸에게
도움이 되고 싶었습니다.

심봉사는 돈을 벌기 위해 집을 떠났습니다.

안타깝게도 그는 눈이 보이지 않아
개울에 빠졌습니다.

이걸 본 한 스님이 그를 구해주었습니다.

스님은 쌀 삼백석을 시주하면
심봉사가 다시 앞을 볼 수 있다고 했습니다.

Il était une fois, dans un village, un aveugle appelé Simbongsa.

Il avait une fille, gentille et jolie, qui s'appelait Simcheong.

Simcheong travaillait dur pour son père aveugle.

De plus, Simcheong prenait soin de son père avec amour.

Un jour, Simbongsa eut pitié de sa fille, qui menait une vie difficile pour son père.

Alors, Simbongsa voulut donc aider sa fille.

Simbongsa quitta la maison pour gagner de l'argent.

Malheureusement, il tomba dans un ruisseau puisqu'il ne pouvait pas voir.

Un moine qui le vit, le sauva.

Le moine lui dit qu'en donnant 300 sacs de riz, il pourrait retrouver la vue.

심봉사는 다시 앞을 볼 수 있다는 기쁨에
스님과 약속을 했습니다.

하지만 곧 후회했습니다.

심봉사는 가난해서
쌀 삼백석을 공양할 돈이
없었기 때문이었습니다.

심청이가 걱정하는 아버지의 얼굴을 보고서
이유를 물었습니다.

이유를 알게 된 심청이는
아버지를 돕고 싶었습니다.

때마침 심청이는
외국의 상인들이 무역하기 위해
조선에 왔다는 소식을 들었습니다.

그들은 인당수를 건너야 했지만,
물살이 너무 험해서
오랫동안 멈춰 있었습니다.

어쩔 수 없이 그들은 바다의 용왕님께
어린 처녀를 제물로 바치기로 했습니다.

이 이야기를 들은 심청이는 쌀 삼백석에
자신을 희생하기로 했습니다.

물론 심청이는 아버지에게는 말하지 않았습니다.

심청이는 떠나기 전날
아버지께 맛있는 음식을 만들어 드렸습니다.

심청이는 쌀 삼백석을 공양했습니다.

Simbongsa fit une promesse au moine, si heureux à l'idée de retrouver la vue.

Mais il le regretta vite,

car Simbongsa était pauvre et n'avait pas d'argent pour donner 300 sacs de riz.

Simcheong remarqua le visage inquiet de son père et lui demanda pourquoi.

Simcheong, après en avoir appris la raison, voulut aider son père.

Juste à ce moment-là, Simcheong apprit que des marchands étrangers venaient à Joseon pour faire du commerce.

Ils devaient traverser la rivière Indangsu, mais le courant était si fort qu'ils s'arrêtèrent longtemps.

Inévitablement, ils décidèrent de sacrifier une jeune fille au roi dragon de la mer.

En entendant cette histoire, Simcheong décida de se sacrifier pour 300 sacs de riz.

Bien sûr, Simcheong ne le dit pas à son père.

La veille de son départ, Simcheong prépara un délicieux repas pour son père.

Simcheong fit don des 300 sacs de riz.

하지만 안타깝게도, 스님은 약속을 지키지 않았습니다.	Malheureusement, le moine ne tint pas sa promesse.
심청이는 상인들의 어선을 타고 가서 인당수로 몸을 던졌습니다.	Simcheong monta sur le bateau de pêche d'un marchand et se jeta dans la rivière Indangsu.
바닷물에 빠진 심청이는 정신을 잃었습니다.	Simcheong, tombée dans la mer, perdit connaissance.
놀랍게도 심청이는 그곳에서 용왕님을 만났습니다.	Étonnamment, Simcheong y rencontra le Roi Dragon.
용왕님은 심청이의 이야기를 들었습니다.	Le Roi Dragon entendit l'histoire de Simcheong.
용왕님은 심청이를 커다란 연꽃에 태워서 바다 위로 띄워 주었습니다.	Le Roi Dragon plaça Simcheong sur une grande fleur de lotus et la fit flotter au-dessus de la mer.
물 위로 떠 오른 심청이는 바다를 지나가던 왕의 눈에 띄어 결혼하여 왕비가 되었습니다.	Simcheong, qui flottait sur l'eau, attira le regard du roi qui passait en mer, ils se marièrent et elle devint reine.
왕비가 된 심청이는 아버지를 생각하면 항상 슬펐습니다.	Simcheong, devenue reine, était toujours triste lorsqu'elle pensait à son père.
그래서 심청이는 왕에게 요청하여 전국의 봉사를 초청하는 잔치를 열었습니다.	Simcheong demanda donc au roi d'organiser une fête pour inviter les aveugles de tout le pays.
마침내 심청이는 아버지를 찾았습니다.	Enfin, Simcheong retrouva son père.
심청이는 아버지를 보자마자 아버지를 불렀습니다. 심봉사는 죽은 줄 알았던 딸의 목소리에 깜짝 놀랐습니다.	Dès que Simcheong vit son père, elle l'appela. Simbongsa fut surpris d'entendre la voix de sa fille qu'il croyait morte.

그리고 그 놀라움에 심봉사는 눈을 떴습니다.

심청이와 아버지는 오래오래 행복하게 잘 살았다고 합니다.

Sous le coup de cette surprise, Simbongsa ouvrit les yeux.

On dit que Simcheong et son père vécurent heureux pendant longtemps.

Note culturelle

Le conte de Simcheong est l'un des contes populaires coréens les plus appréciés. Il a également fait l'objet d'un pansori, un opéra coréen. Cette histoire montre à quel point les Coréens considèrent la piété filiale comme une valeur importante. Le sacrifice de sa vie que la jeune fille fait pour son père et la réaction du roi dragon, ému par sa bonté d'âme, montrent que la piété filiale envers les parents est une valeur partagée par tous les membres de la société coréenne, y compris les êtres mythiques.

Vocabulaire

봉사 (formel) une personne aveugle. 심봉사 signifie littéralement "Shim l'aveugle". 장님 (informel) une personne aveugle. 이쁜 joli/beauté. C'est une variante de 예쁜. 보살피다 soigner, s'occuper de. 도움 une aide/un soutien. 돈을 벌다 gagner de l'argent. 안타깝게도 malheureusement. 개울 un ruisseau. 때마침 juste à temps. 외국 étrangers. 상인 un marchand. 무역 un commerce. 조선 l'ancien royaume de Corée (1392-1897). 건너다 traverser (une rivière). 물살 le courant de l'eau. 험하다 escarpé/dangereux. 제물 offrir/sacrifier. 공양하다 offrir/donner. 어선 un bateau de pêche. 연꽃 une fleur de lotus. 눈에 띄다 attirer l'attention de quelqu'un/attirer les yeux. 왕비 une reine. 전국 la nation entière. 하나뿐 un seul.

Proverbe

효성이 지극하면 돌 위에 풀이 난다.
Une piété filiale extrêmement dévouée fait pousser de l'herbe même sur une pierre.

Cela signifie que si la piété filiale est sincère, même le ciel sera ému et fera un miracle.

Compréhension de la lecture Quiz

D'après l'histoire, on ne sait pas exactement pourquoi Simbongsa est devenu aveugle.

A. Vrai. B. Faux

D'après l'histoire, Simcheong s'occupait affectueusement de son père parce qu'elle aussi avait un handicap.

A. Vrai B. Faux

Simbongsa voulait aider sa fille...

A. En l'aidant dans son travail. B. En gagnant de l'argent.

C. En déposant une pétition. D. En lui trouvant un emploi mieux rémunéré.

Un moine a sauvé Simbongsa parce qu'il voulait avoir trois cents sacs de riz.

A. Vrai B. Faux

Simbongsa a vite regretté d'avoir fait une promesse au moine parce qu'il...

A. Ne croyait pas aux enseignements de Bouddha.

B. Ne voulait pas retrouver la vue.

C. N'avait pas assez d'argent.

D. A mal compris l'offre du moine.

Simcheong n'a pas parlé de son projet à son père parce qu'elle pensait que...

A. Le moine changerait d'avis. B. Le magistrat ne le permettrait pas.

C. Son père prendrait tout l'argent. D. Son père serait très inquiet.

Simbongsa fut surpris d'entendre la voix de sa fille parce que...

A. Elle était différente de celle qu'il avait l'habitude d'entendre.

B. Il ne savait pas où il était.

C. Il ne pouvait pas voir ce qu'il y avait devant lui.

D. Il pensait qu'elle était morte.

Réponse : A / B / B / B / C / D / D

Visitez le site pour découvrir d'autres livres extraordinaires !
newampersand.com

Pour voyager en Corée

Autoformation cours de coréen

K-Pop et culture coréenne

Le guide touristique du métro de Séoul, Corée - Découvrez les 100 meilleures attractions de la ville en métro !

Liste de choses à faire en Corée : Ton guide pour plus de 150 choses à réaliser impérativement à Séoul !

AVEC MP3   **Le coréen débutant -** programme d'auto-apprentissage complet

AVEC MP3   **Parlons coréen avec des fichiers audio téléchargeables -** Apprenez rapidement et facilement plus de 1 400 expressions coréennes sur 21 sujets Il suffit d'écouter, de répéter et d'apprendre !

Apprentissage facile livre d'exercices pour l'écriture de l'alphabet coréen

Dictionnaire De La Culture Coréenne: Du Kimchi À La K-Pop En Passant Par Les Clichés Des K-Drama. On T'explique Tout Sur La Corée !

AVEC MP3   **Dictionnaire de la K-Pop:** Mots & expressions essentiels dans la K-Pop, le K-Drama, les films coréens, les émissions Broché

AVEC MP3   **De magnifiques histoires courtes en français et en coréen - Livre d'images bilingue/bi-langue pour débutants**

www.ingramcontent.com/pod-product-compliance
Lightning Source LLC
LaVergne TN
LVHW081455060526
838201LV00051BA/1808